KB039179

중독과 마음챙김

이 책은 꽃동네대학교의 2014년 교내연구비 지원을 받아 저술되었음.

중독과 마음챙김

Addiction and Mindfulness

박상규 저

학지사

머리말

　이 책은 중독에서의 회복을 건강 및 성숙모형으로 설명하고 있다. 회복 초기에는 치료가 필요하지만 회복을 잘 유지하기 위해서는 마음챙김을 기본으로 한 삶의 태도 변화가 있어야 한다. 『중독과 마음챙김』은 이 부분의 중요성을 토대로 상담자가 우리 사회의 중독과 중독자의 특성을 올바로 이해하고 잘 상담할 방안을 제시하며, 중독자 스스로가 회복할 수 있는 길을 알려 주는 지침서 역할을 하도록 쓰였다. 특히 '마음챙김'을 통해 '중독'에서 치유해 나갈 수 있는 방법론을 제시하고자 했다.

　중독자는 고통이 올 때마다 알코올이나 마약 등으로 현실을 도피하면서 살아가는 경향이 있다. 또한 자신의 집착과 욕망 때문에 만들어진 중독성 사고로 현실을 왜곡하여 보고 있으며, 자신이 언제든지 알코올이나 마약을 조절할 수 있다고 말하면서 중독 문제를 부정하고 있다. 상담자는 중독자의 특성을 잘 이해하면서 중독자가 회복할 수 있는 좋은 방안을 제공해야 한다.

중독자가 자기의 중독 문제를 인식하게 하고, 살아갈 기쁨과 의미를 주는 무엇인가를 찾도록 하여 회복하는 데 도움을 주는 것이 상담자의 역할이다. 이러한 회복 과정에서 특히 중요한 것은 마음챙김(자기주시)이다. 마음챙김은 중독자의 갈망과 집착을 줄이고 중독 행동을 조절하는 데 기여한다. 회복 중인 중독자가 자기의 갈망을 객관적으로 주시할 수 있게 되면 갈망을 중독 행위로 연결하지 않고 자신을 조절할 수 있다. 이 책의 주안점인 '중독과 마음챙김'은 접촉—느낌—욕망이라는 일련의 연기적 흐름에 영감을 얻어 중독자 치료에 적용하여 재구성한 것이다.

중독에서 벗어남은 결코 쉬운 일이 아니지만 중독자와 가족, 상담자가 힘을 모아 노력하면 충분히 가능하다. 알코올중독에서 회복되어 사회에 적응해서 잘 살아가고 있는 AA(Alcohol Anonymous)회원만 전 세계적으로 수백만 명이 넘는다고 한다. 필자가 운영위원장으로 일하고 있는 꽃동네 알코올 치료공동체의 경우 2015년 기준 7개월 과정을 수료한 중독자 중 20% 정도가 회복하여 사회로 복귀하였다.

중독으로부터 회복한 많은 사람이 회복 과정에 있는 다른 중독자들에게 도움을 주고 있으며, 중독 전보다 훨씬 훌륭한 배우자, 부모, 사회구성원으로서 자기의 역할을 잘 수행하면서 현실에 감사하는 삶을 살아가고 있다.

이 책에서 필자는 독자들이 중독과 중독자의 특성, 회복의 방법 등을 잘 이해할 수 있도록 다양한 사례를 제시하였으며 중독자를 상담할 때 적용할 수 있는 구체적인 방법에 관해서 서술하였다.

자기를 분리하여 주시하는 마음챙김이 중독의 예방과 회복에 핵심임을 강조해 주신 석명 한주훈 선생님에게 감사드린다. 그리고 상담자, 회복 중인 중독자, 학생, 가족 등이 이 책을 보다 잘 활용할 수 있도록 중요한 조언을 해 주신 문봉규 교수님과 박해준 선생님에게 고마움을 전한다. 또한 이 책의 편집 과정에서 수고가 많았던 학지사의 강대건 선생님에게 감사드린다. 중독자의 회복을 바라는 마음으로 이 책의 출판을 지지하고 힘써 주신 학지사의 김진환 대표님에게도 고마움을 전한다.

2016. 3.
노고산 아래에서
박상규

차례 C·O·N·T·E·N·T·S

제1부
중독

01
중독의 특성

가족과 단절된 지 10년이 넘은 알코올중독자 A씨는 그동안 20여 차례 금주와 재발을 반복하였다. 그러다 치료공동체에 입소하여 7개월 과정을 수료하고 사회로 복귀해 일용직 근로자로 일하게 되었다. 이후 1년 넘게 단주하면서 살다가 가족이 그립고 자신의 삶이 처량하게 느껴져 다시 술을 마시게 되었다. 몇 잔의 술이 점차 만취로 이어졌고, 결국 상담자의 도움으로 병원에 입원하였으나 1개월 정도 지난 어느 날 병원 인근 저수지에 스스로 몸을 던지고 말았다.

B씨의 아버지는 알코올중독자였다. 중학교 시절부터 술을 마시기 시작한 B씨는 고등학교 시절에는 음주 문제로 정학을 당하기도 했다. 이처럼 잦은 음주는 제대 후 식품

대리점을 운영하는 중에도 지속되었다. 술로 인한 문제들이 이어지면서 음주량은 더 늘어갔다. 그러자 대리점의 영업은 점차 어려워졌고 그와 함께 알코올에 대한 의존도도 높아져 갔다. 술을 마시면 아내와 다툼이 잦아지고 그로 인해 갈등의 골이 깊어졌다. 가정에서도 대리점에서도 편치 않은 상황이 연속되자 의지할 것은 술밖에 없었고, 결국 대리점을 정리하였다. 이후 40대 초에 처음으로 아내에 의해 정신병원에 입원하게 되었다가 지인의 소개로 치료공동체에 입소하였다. 치료공동체에 오기 전에는 3번이나 병원에서의 입원과 퇴원을 반복하였다. 본인도 나름대로 노력했지만 이미 알코올에 몸과 마음을 온전히 의지하고 있었기에 회복이 쉽지 않았다. 끝내 아내와 이혼하고 자녀와도 헤어지게 되었다. 한동안 서울역 등지에서 노숙자 생활을 하기도 했다.

치료공동체에서 7개월간의 수료 과정을 마친 후 공동체와 가까운 곳에서 6개월 정도 봉사를 하면서 공동체에 머물렀다. 그러다 B씨는 빨리 돈을 벌어야겠다는 욕심으로 치료공동체를 떠나 주유원, 택시 기사 등의 직업을 가졌다. 일을 시작하면서 많은 스트레스와 유혹을 받았으나, 그런대로 잘 이겨 나갔다. 하지만 직업을 가진 지 1년 만에 재발하게 되었다. B씨는 예전과 달리 4일 정도 술을 마신 후 용기를 내어 치료공동체에 도움을 요청하고 재입소하였다. 다시 7개월 수료 후 봉사 활동을 하면서는 가족과

도 연락을 하고 지냈다. 치료공동체를 두 번째 수료한 후
에는 자신감이 있었다. 전세 아파트를 구하고 여러 직업
을 가지기도 하였고 알코올 전문병원에서 봉사를 하기도
하였다. 그러나 18개월 후 또 재발하여 병원에 다시 입원
하게 되었다. 병원에서 퇴원한 얼마 후부터는 치료공동체
와 연락이 두절되었다. 그러다가 2년 후 치료공동체로 경
찰관의 전화가 왔다. 통화 내용은 B씨가 음주 후에 사고
로 숨졌는데, 정확한 사인을 알아보고 있다는 것이었다. B
씨의 수첩에 치료공동체의 전화번호가 적혀 있어 경찰이
연락했던 것이다. B씨의 죽음은 치료공동체의 상담자나
함께했던 동료 그리고 남은 가족에게 깊은 슬픔과 고통을
안겨 주었다.

고통을 원하는 사람이 있을까? 인생이라는 여정에서 고통이란 피
할 수 없는 바람과 같다. 인생을 여행하다 보면 포근한 바람을 만나
기도 하지만 매서운 고통의 바람을 만나는 경우가 대부분이다.

누구나 자신의 마음에서 일어나는 고통을 분리하여 주시할 수 있
다면 그 순간 마음의 안정을 되찾을 수 있고, 고통은 지혜와 기쁨을
주는 고마운 스승이 된다. 지금 내 몸과 마음에서 일어나는 고통을
알아차리면 고통은 잠시 왔다가 사라지는 바람이 된다.

중독자는 현실의 문제나 고통을 주시하고 해결하기보다는 술이나
마약 등으로 도피하는 행동이 습관화된 사람이다. 지금 이 순간에 술
과 마약을 하는 것이 자신에게 이롭다고 생각하기 때문이다. 그러나

술과 마약은 고통을 일시적으로 잊게 할 수는 있지만 결국에는 자신 뿐만 아니라 가족들까지도 불행하게 만들고 많은 사람을 서서히 고통과 죽음의 길로 몰아넣는다. 앞의 두 사례에서 보듯이 자신의 문제를 인식하고 회복을 위해 노력하지 않으면 결국 개인을 비참한 죽음으로 이끄는 병이 바로 중독이다.

삶의 태도

K씨는 자신이 중독에 빠지게 된 이유를 다음과 같이 설명하였다.

> 제가 사업에 실패했다는 사실을 받아들이기가 너무나 고통스러웠어요. 자연스럽게 술을 자주 찾게 되었고 술을 마심으로써 잠시나마 기분이 붕 뜨고 괴로운 문제를 잊을 수 있었죠. 그 기분을 잊지 못해서 계속해서 술을 마셨고 그러다 보니 어느덧 중독자가 되어 있었습니다.

중독의 원인은 삶의 태도에 있다. 중독자는 삶에서 일어나는 고통을 직면하기보다는 회피하고, 술이나 마약 또는 다른 사람에게 의존하면서 살아간다.

중독자는 술이나 마약을 하지 않을 때의 고통이 하고 있을 때의 고통보다 더 심하다고 생각하기 때문에 중독 물질을 선택한다. 술이나 마약 등의 중독 물질은 빠른 시간 안에 기분을 이완시키고 쾌감을 준다. 중독자가 부정적인 감정을 느낄 때마다 알코올이나 마약을 찾아서 위로받다가 나중에는 조절할 수 없는 상태가 되고 만다. 중독자는 자기의 마음을 조절할 수 있다고 생각하고 술이나 마약을 취하지만, 실제로는 '술' 또는 '마약'이라는 대상에게 자기를 빼앗겨 결국엔 노예로 살아간다.

> 아버지와 갈등이 심했던 P씨는 아버지에 대한 적개심과 억울한 감정을 알코올에 의존하여 위로받았다. 술을 마시면 현실의 갈등과 분노감을 잠시나마 잊을 수 있었고, 술이 깨면 다시 괴로워졌기에 반복적으로 술을 마실 수밖에 없었다. 이러한 습관은 장기적으로 P씨의 결혼생활을 어렵게 하였으며 직장에서도 본인의 역할을 다할 수 없게 만들었다.

중독자는 부정적 신념이나 생각을 가지고 사는 경우가 많다. 중독자가 가진 부정적 신념이나 사고는 주로 어린 시절의 경험과 관계가 있다. 어린 시절에 형성된 경험이 개인의 사고와 지각에 영향을 주어 가족이나 다른 사람이 하는 말을 자기를 무시하는 말로 받아들이는 식이다. 이처럼 중독자가 가진 부정적 신념이나 사고는 분노감이나 우울한 기분을 가지게 하여 중독 대상을 찾게 한다.

중독자는 회복을 잘 유지하거나 어떤 일이 순조롭게 진행되고 있어도 자신은 결국 실패할 것이라고 생각하는 경우가 많다. 중독자의 일부는 회복 초기에 성공의 문턱까지 다가간 상태에서 스스로 이를 와해시키는 형태를 보이기도 하며, 자기 스스로 파멸이 있을 것이라는 생각을 한다(Twerski, 2009). 이들은 '나 같은 게 뭘.' '내가 하는 게 다 그렇지 뭐.'라고 말하며 자기를 부정적으로 평가한다. 또 한편으로는 '나는 무엇이든 할 수 있어.'와 같이 스스로를 과대평가하기도 한다.

중독자들이 나타내는 삶의 태도 중 하나는 자기 인생에 대한 책임을 지지 않고 자립하지 않는 것이다. 이들은 문제를 남의 탓으로 돌리거나 개인적 어려움을 다른 사람이 해결해 주기를 바라거나 또는 어떤 물질에 의존하는 행태를 보인다. 중독자가 가진 의존적 성격이 해결되지 못하면 특정 중독이 완화되더라도 또 다른 중독으로 이어지는 교차 중독에 빠질 수 있다.

의존적이고 회피적인 삶의 태도가 달라지지 않는다면 중독자는 술을 마셨든 마시지 않았든 자기의 역할을 제대로 수행하지 못하고 가족이나 주변 사람과 여러 갈등을 겪게 된다. 한 예로 마른 주정을 들 수 있다. 중독자들이 나타내는 특성 중 하나인 마른 주정은 실제로 술을 마시지 않았음에도 불구하고 술 취했을 때의 증상을 보이는 것이다.

마른 주정의 증상으로는 사소한 일에도 예민하게 반응하며 기분이 자주 변하고 자기를 합리화하는 것 등이 있다. 또한 책임 회피를 많이 하며 자기 연민에 빠지고 매사를 귀찮아할 뿐만 아니라 권태감을 호소하기도 한다. 도박이나 섹스 등 다른 형태의 중독에 빠지는 경우도 있다.

중독은 비각성 상태

석명 한주훈 선생은 "중독은 비각성의 상태"라고 했다. 알코올중독자가 자신이 지금 술에 대한 갈망이 일어나고 있음을 주시하면 술을 마시지 않을 수 있다. 알코올중독자가 자기의 마음을 분리주시하지 못하기 때문에 조절이 어렵고 대인관계도 잘 되지 않는다.

중독이 심해질수록 집중력이 더 떨어지며 자기를 주시하는 능력도 퇴화된다. 중독자가 어느 정도 회복하면서 집중력이 살아나고 자기의 갈망이나 욕심을 알아차릴 수 있게 되면 다시금 자기조절이 가능하고 상황과 대상에 맞는 적절한 행동을 할 수 있다.

학습된 중독

중독은 쾌감을 경험한 것이 학습된 것이다. 중독자는 알코올이나 마약을 사용할 때 분비되는 도파민이 주는 강력한 쾌감을 얻고자 중독 행동을 반복한다. 그러나 나중에는 "술이 사람을 먹는다."라는 말처럼 술이나 마약을 조절할 수 없는 상황에 이르게 된다.

필로폰과 같은 강력한 쾌감을 주는 물질은 한두 번의 사용만으로도 쉽게 중독된다. 반면 알코올은 대부분의 사람에게 있어 그보다 더 많은 반복이 이루어져야 중독된다. 이처럼 중독은 중독 대상의 자극 정도와 사용 정도 그리고 개인의 취약성과 같은 여러 특성과 관계된다.

중독은 정적 강화와 부적 강화로 설명할 수 있다. 정적 강화는 중독 물질을 통하여 쾌감을 얻게 되는 것이다. 필로폰 중독자가 섹스의 쾌감을 높이기 위해서 필로폰을 자기에게 투여하는 것이 대표적인 정적 강화의 예라고 할 수 있다. 부적 강화는 중독 물질을 취함으로써 괴로움이 사라지는 것이다. 알코올중독자가 금단 증상의 괴로움을 잊기 위하여 다시 술을 찾게 되는 것은 부적 강화와 관련된다.

대뇌 기능의 변화와 중독

> 5년 이상 거의 매일 술을 마신 40대 중반의 C씨는 1년째 회복 중이다. 자신은 기억력이 매우 저하되었고, 주의집중이 잘되지 않는다고 호소하였으며, 아마 대뇌가 손상된 것 같다고 하였다. 상담자와 대화할 때도 집중이 어려웠고 발음도 어눌하였다.

인간은 생물학적 존재이면서 심리적·사회적 존재다. 대뇌 기능의 이상은 심리적 문제와 사회적 부적응으로 나타난다. 최근 학자들 사이에는 중독 문제를 대뇌 기능의 변화와 같은 생물학적 요인에 초점을 두고 이해하려는 경향이 있다. 그러나 중독을 생물학적 관점에서만 이해하게 되면 중독을 예방하고 치료하는 데 한계가 있다.

앞 사례에서 보듯이 알코올이나 마약을 오랜 기간 사용하면 대뇌의 변화가 일어날 수 있다. 지속적 음주는 뇌 위축 진행에 영향을 주어 치매와 같은 뇌기능 저하가 일어나며 이로 인해 기억력 저하, 주의 집중력 저하, 판단력과 지각 능력의 변화, 수면-각성 주기의 변화, 성격의 변화가 수반된다(중독포럼, 2013). 중독이 되면 손상된 대뇌의 화학적·전기적 신호가 시키는 대로 갈망을 느끼고 행동하게 된다.

중독자는 술이나 마약을 그만두고 싶은 마음도 있으나, 이미 대뇌의 조절 기능이 심하게 손상되어 자기 힘만으로 어쩔 수 없는 상태가 된다. 중독이 되면 대뇌에서 조절력이나 판단력을 관장하는 전전두엽 부위가 손상되어 자기조절이 어렵고 판단력에 장애가 생긴다. 회복 중인 어떤 중독자는 "알코올중독은 뇌의 병이다. 내 몸이 기억한다. 단주한 지 10년이 다 되었지만 아직도 조건만 되면 몸이 요동친다."라고 말하였다.

인간의 뇌는 부위에 따라 맡은 기능이 다르다. [그림 1-1]에서 보듯이 중독과 관련된 대뇌의 주요 부분은 전전두엽 부위(prefrontal system)와 변연계(limbic system), 해마(hippocampus) 등이다.

전전두엽 부위는 계획하고 판단하며 행동을 조절하는 기능을 한다. 전전두엽 부위가 손상되면 자기 문제에 대한 인식력이 떨어지며 판단력도 저하되고 행동조절력이 손상된다.

변연계는 보상과 관련되는 부분으로 음식, 성, 성취 등과 관련된다. 알코올이나 마약은 변연계 부위를 자극하여 쾌락을 느끼게 하므로 지속적인 음주나 마약 사용은 변연계 기능에 이상을 초래한다. 실험에서 음주 사진을 보여 주었을 때 정상인의 뇌는 별다른 변화가 없는 반면에, 알코올중독자의 뇌는 쾌락 중추가 강하게 반응하는 등 장기간의 음주로 인하여 쾌락 중추가 음주 자극에 대하여 강한 반응을 하도록 기능에 변화가 일어났다(중독포럼, 2013).

뇌의 측두엽에 있는 해마는 장기기억을 담당하는데, 알코올이나 마약을 했을 때의 강력한 쾌감을 오랫 동안 기억하여 중독 행동을 반복하는 데 영향을 미친다.

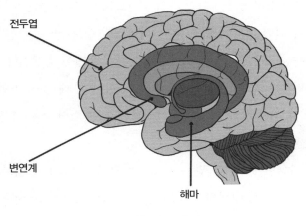

[그림 1-1] 대뇌

내성과 금단

중독의 특징으로 내성과 금단 증상을 들 수 있다. 내성은 동일한 효과를 얻기 위해서 점차 더 많은 양을 사용하거나 더 자주 사용하는 것이다. 알코올이나 마약을 하다가 그만둘 경우 금단 증상이 나타나는데, 이때 신체적 고통이나 심리적 불안을 경험하게 된다. 중독자는 금단 증상의 고통을 피하기 위해 알코올이나 마약을 다시 찾는다. 정신 기능에 흥분을 주는 약물보다는 정신 기능을 진정시키는 아편류의 금단 증상이 더 심하다.

조절 기능의 상실

중독의 또 하나 특징은 조절 기능이 상실된다는 점이다. 중독이 되기 전에는 술을 적절하게 마실 수 있지만, 중독이 되면 본인 스스로 술을 조절할 수 없게 된다. 딱 한 잔만 마신다고 시작한 술자리는 만취가 되어야 끝나고, 친구들과 저녁에 잠시 시간을 보내려고 시작한 도박은 더는 돈을 구할 수 없을 때까지 계속해야 하는 등 중독이란 조절할 수 없는 것이 특징이다. 그러나 중독자는 지금 이 순간에 자신이 술이나 마약을 조절할 수 있다고 확신하며 말한다. 중독자는 자신이 조절할 수 있다는 것을 보여 주기 위하여 일시적으로 노력하여 중독에서 벗어난 것 같은 모습을 보이기도 하지만, 결국 시간이 지나면 스스로 조절이 어렵게 되고 반복적으로 병원에 들락거리다가 죽음에 이르게 된다. 회복 전의 중독자는 자신의 문제를 부정하는 특성이 있기 때문에 가능한 빠른 시기에 가족이나 전문가가 도와주어야 한다.

공존장애

1남 2녀의 장남으로 부모로부터 특별한 사랑을 받았던 K

씨는 고교 졸업을 앞두고 부친이 교통사고로 사망하게 된다. 그 후 가계를 책임지기 위해 대학 진학을 포기하고 중견 건설회사에 취직했다. 이곳저곳 건설 현장을 옮겨 다니며 수시로 접한 술이 K씨를 점점 중독의 늪으로 몰고 갔다. 그는 술에 취하면 항상 울분을 터뜨렸다. "아버지만 사고로 돌아가시지 않았더라면 지금 대학을 졸업하고 대기업 간부로 있었을 거야." "이 회사는 사람을 제대로 알아보지 못하고 쓸 줄도 몰라." 그는 여러 번 회사를 옮겨 다니다 결국 직장 생활을 포기하고 충동적으로 사업을 하다 그나마 물려받은 재산을 모두 탕진하고 말았다. 30대 후반에 결혼하여 자녀 둘을 둔 K씨의 알코올중독은 심각해졌고 보다 못한 부인은 K씨를 알코올 전문병원에 강제 입원시키게 되었다. 병원에서는 K씨를 양극성 장애를 동반한 알코올중독으로 진단하였다. 그 이후 두 차례 더 입원 치료를 받고 나온 K씨는 만나는 사람마다 "내 아내가 나를 입원시키지 않았다면 몇 년 후에는 시장이 될 수 있었을 거야……. 그 여자가 내 인생을 완전히 망쳐 버렸어."라고 말하곤 했다. 가족에게 외면 당한 K씨는 오늘도 분노와 우울한 기분을 가지고 술에 취해 떠돌아다니고 있다.

알코올중독자나 마약류 중독자는 중독의 문제뿐만 아니라 다른 장애도 함께 가지고 있는데, 이를 공존장애 혹은 이중장애라 한다.

대부분의 중독자는 중독 문제 이외에 주요 우울장애, 양극성장애, 불안장애, 사회불안장애, 반사회성 성격장애 등을 가지고 있다. 또한 알코올중독자이면서 도박 중독자, 마약중독자이면서 섹스 중독자가 되는 등 중독자가 한 가지 중독 문제 이외에 다른 중독 문제를 가지는 경우도 있다.

중독자가 가지고 있는 흔한 심리적 문제는 우울과 불안이다. 우울한 사람들은 우울한 기분을 피하기 위하여 술을 마시거나 마약에 빠지기도 한다. 불안이나 외상 후 스트레스 장애(PTSD)를 가진 사람은 불안과 두려움을 잊기 위해서 알코올에 의존하기도 한다.

앞 사례는 중독 문제와 양극성 장애를 함께 가지고 있는 중독자에 대한 것이다. 양극성 장애가 있는 사람은 주로 조증 상태에서 술을 마시고 재발되기도 한다.

조현병 증상이 있는 환자가 불안과 혼란으로부터 도피하고자 술과 마약을 접하기도 한다. 조현병 환자가 마약을 하면 피해망상이나 환각 등의 정신과적 증상이 더 나타나게 된다.

공존장애의 문제는 회복하면서 마른 주정 증상을 보이거나 교차 중독으로 대체된다. 알코올중독의 경우 술 문제가 크기 때문에 다른 문제는 술 문제에 가려 파악하기가 어렵다. 단주 상태에서는 원래의 성격적 문제나 대인 관계 문제가 드러나게 되어 가족이나 주변 사람들과의 갈등이 일어난다.

역할장애

중독자는 중독 대상의 힘을 빌려야 일을 더 잘하고 사람들과의 관계도 잘 맺을 수 있을 거라고 생각한다. 그러나 중독이 만성화될수록 중독자는 주어진 자기 역할을 제대로 하기 어렵다. 알코올이나 마약류 중독은 퇴행성 질병이므로 중독된 시간이 오래될수록 정서 상태와 행동이 점점 어린아이 수준으로 퇴행된다. 이때 남편이 중독자일 경우 아내는 가정에서의 역할이 늘어나고 경제적 책임을 떠맡게 되면서 남편의 역할이 줄어들게 되고 결국 할 일이 거의 없어지게 된다.

가정 및 사회의 병

중독은 가정과 사회의 병리와 관련된다. 부부간의 관계가 좋지 않은 것, 가족이 서로 정서적으로 독립되지 않은 것, 가족구성원 각자가 자기 역할을 제대로 수행하지 못하는 것 등이 중독 문제와 관련된다.

남을 배려하기보다는 개인의 욕망을 충족시키는 것에 높은 가치를 두는 이기적인 문화, 사회경제의 양극화 경향, 미래에 대한 절망감 등은 많은 사람을 중독에 빠지게 한다. 이제 중독은 한 개인의 문제로만 볼 수 없고 가정과 사회 전체의 문제로 보고 접근해야 한다.

02
중독자의 심리

　대부분의 중독자는 불안하고 초조하며 예민하고 질투가 심하며 다른 사람과 잘 어울리지 못한다. 또 솔직하지 못하고, 마음은 원한과 분노로 가득 차 갑자기 화를 내기도 한다. 현실을 받아들이는 능력과 좌절을 견디는 힘도 부족하다. 중독자는 수치심, 외로움이나 소외감, 자기연민, 오만함, 자포자기, 절망감과 공허감 등을 자주 느낀다. 중독자는 자신의 잘못이나 문제에 대해 합리화하거나 부정하며 다른 사람의 충고와 비판을 잘 받아들이지 못한다.

중독 과정의 심리적 단계

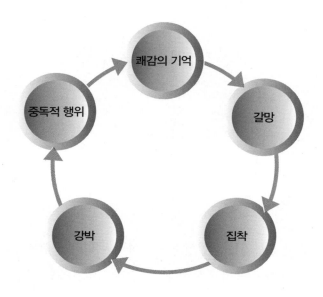

[그림 2-1] 중독심리과정 모형

[그림 2-1]과 같이 중독심리를 중독심리과정 모형으로 설명할 수 있다. 중독은 총체적으로 일어나지만 이해를 돕기 위해 단계별로 구분하여 설명한다. 개인이 처음 마약이나 알코올을 섭취하면 좋은 느낌과 쾌감을 경험하게 된다. 다음에는 그 쾌감을 계속 갈망하며 그러한 갈망으로부터 집착이 생기고 집착으로 인하여 반복적으로 마약주사를 맞거나 술을 마시는 행동을 하게 된다. 이러한 행동이 지속되어 중독 단계에 이르게 되면 강박 증상이 생기게 되고 중독 행위를 하게 된다. 이때 각 단계에서의 연쇄를 차단하여 중독 행동에 이르지

않게끔 하는 것이 바로 마음챙김(자기주시)이다.

중독성 사고와 인지 기능의 문제

일반인이 이해하기 어려운 중독자들 특유의 사고 양상을 '중독성 사고'라 한다. 넓은 의미에서 중독자의 중독 행위를 지속시키는 모든 생각은 중독성 사고다. 이는 오랜 기간의 중독 경험으로 강화된 것으로 자기와 상대, 상황을 전체적으로 고려하지 못하는 특성이 있다.

'좋아하면 곰보도 보조개로 보인다.'고 하듯이 중독자가 현실을 왜곡해서 보는 중독적 사고는 중독 초기에는 도파민의 분비와 같은 신경전달물질의 영향과 관련된다. 그러나 중독이 만성화될수록 전전두엽 부위 등에 손상이 생겨 올바른 판단을 하지 못하게 된다.

중독자는 장기적인 피해보다는 순간적인 만족을 더 중요하게 생각한다(Twerski, 2009). 이들은 당장의 술이나 마약을 하는 것이 중요하며 당연하다고 여기는 경향이 있다. 알코올중독자는 흔히 술을 마시면 일을 더 잘하고, 사업도 더 잘되며, 운전도 더 잘한다고 인식하고 있다. 또 술이 수면제, 피로회복제, 성기능 개선제, 감기몸살 치료제이며, 대인 관계를 좋게 하는 등 모든 기능을 잘하게 만든다는 믿음을 가지고 있다.

중독자들은 지금 당장 술을 마실 수 있는 구실을 찾는다. 알코올중독자가 내일부터 술을 끊는다고 하지만 중독자가 말하는 내일은 1개월이 지나고 1년이 지나도 오지 않으며 항상 술에 취해 있다.

중독이 될수록 주의집중력, 판단력, 논리적 사고력, 기억력 등에 장애를 보인다. 특히 알코올중독은 초기부터 기억의 장애가 오기 시작한다. 술에 취해 있을 때 한 말과 행동을 전혀 기억하지 못하는 경우가 있다. 교도소에 가면 술을 마신 후 다른 사람을 살해하고도 기억이 나지 않는다는 사람을 만날 수 있다. 심한 경우 알코올중독으로 치매 증상을 보이기도 한다.

장기간의 알코올이나 마약의 사용은 대뇌 기능의 손상을 가져오는데, 영양분이 부족한 상태에서 오랜 기간 술을 마신 노숙인 알코올 중독자는 대뇌 기능의 손상이 더 심하다.

성격장애

외아들로 태어난 K씨는 초등학교 시절 알코올중독자인 아버지의 구타로 어머니가 가출하였다. K씨는 거의 매일 술에 취하여 주사를 부리는 아버지의 모습이 무서워서 참다못해 친척집으로 도망쳐 중학교를 마칠 때까지 고달프게 살아왔다. 고등학교 입학 후 곧 자퇴를 하고 무작정 서울로 올라와 떠돌이 생활을 하다가 사기폭력배 집단에 몸을 의탁하게 되었고 여러 번 교도소를 들락날락했다. 범죄 집단에서 거의 매일 마셨던 술로 인해 40대 초반인 지금 만성 알코올중독자가 되었다. 하지만 K씨의 더 큰 문제는 어릴 적부터 짓눌러온 분노와 외로움이다. 억압된 분노는 사람과 사회에 대해 공격적인 태도로 나타나서 술 만 마시면 무전취식과 기물파괴, 폭력을 일삼게 되었다. "나는 너무도 억울하다."라고 울부짖으면서……. 그는 얼마 전 교도소에서 출소한 후에 어디론가 사라지고 소식이 끊어졌다.

어린 시절 부모와의 좋지 못한 경험은 성격장애를 유발하는 원인 중 하나다. 성격장애는 중독으로 이어질 수 있는 중요한 취약성을 제공한다. 앞 사례에서 K씨가 다른 사람과 사회에 대해 공격적 태도를 취하는 것은 어린 시절 부모에게 억울함을 당한 경험과 관련된다. K씨는 자신을 사회로부터 도움 받지 못한 피해자로 생각하며 모든 사람을 가해자로 여기고 자신에게 피해를 주지 않은 사람에게서도 피해를 보았다고 생각하는 등의 피해의식을 가지게 되었다. 피해의식을 가진 사람은 자신이 피해를 준 사람에게 죄책감을 느끼지 않으며 당연한 것으로 여긴다. 이러한 피해의식은 중독자의 제2성격으로 굳어지게 된다.

오랜 기간 중독에 빠져 생활한 대부분의 사람은 성격 문제를 가지고 있다. 이로 인해 배우자나 자녀 등 가족을 비롯한 주변 사람이 힘들게 된다. 또 중독이 된 후에는 내면에 깔려 있던 취약한 성격이 더 드러나게 되고 악화되기도 한다. 어린 시절 부모에게 학대당하거나 방임당한 경험은 개인의 성격적 취약성을 형성한다. 성격적 취약성이 있는 개인은 살면서 스트레스를 받거나 주변의 친구나 동료의 유혹을 받을 때 중독에 빠지기 쉽다. 중독자가 가진 성격은 중독 행동을 지속하는 데 영향을 미친다.

성격장애(Personality Disorder)는 개인의 성격 특성 자체가 특이한 것으로 어린 시절부터 서서히 발전하여 성인기에 개인의 성격으로 굳어져 사회에 잘 적응하지 못한다(권석만, 2014). DSM-5(APA, 2013)의 기준을 참고로 한다면, 성격장애는 10개의 하위 유형으로 나눌 수 있고 이를 A형, B형, C형 등 크게 3가지 군집으로 묶을 수 있다. 중독자는 성격장애 중 주로 B 군집의 성격으로, 불안정하며 극적인 특성이 있다. B 군집에는 반사회성 성격 장애, 경계성 성격장애, 연극성 성격장애, 자기애성 성격장애 등이 있다. 이 중에서도 중독자는 반사회성 성격장애를 보이는 경우가 많다. 특히 마약류 중독자는 알코올중독자에 비하여 반사회성 성격장애가 더 흔한 편이다.

반사회성 성격장애

반사회성 성격장애(Antisocial Personality Disorder)는 사회적 규범이나 법을 지키지 않고 충동적이며, 무책임하고, 타인을 이용하고 착취하려는 특성이 있다. 폭력이나 사기, 절도를 저지르고 채무를 지키지 않으며, 자기 행동에 대한 죄책감이 없고, 자기의 범죄 행동을 합리화한다.

반사회성 성격을 가진 사람은 어린 시절 부모 등 중요 인물로부터 학대나 방임을 당한 경험이 있거나, 부모와의 관계 형성이 잘되지 않았던 경우가 많다. 반사회성 성격장애자는 권위적 대상과의 갈등이 많고 다른 사람을 조종하고 이용하기도 한다.

경계선 성격장애

경계선 성격장애(Borderline Personality Disorder)는 원래 정신병과 신경성의 경계에서 유래되었다. 경계선 성격을 가진 사람은 불안정하며 주체성이 부족하고 분노 조절이나 충동 조절이 잘 안 되는 특성이 있다. 공허감이나 불안감이 심하고 대인 관계에서는 강렬한 애정이나 분노감을 교차해서 보이기도 한다. 어떤 사람에 대한 감정이 상당히 긍정적이다가도 시간이 지나면 그 사람에 대해서 심한 분노를 나타낸다. 이들에게는 어린 시절에 부모 등 중요한 인물로부터 방임을 당한 경험이 흔히 관찰된다.

경계선 성격장애자는 버림받는 것에 대한 불안이 심한 편인데, 주로 어린 시절 자신이 어머니를 필요로 할 때 어머니가 부재하였던 경험과 관련된다. 버림받음과 관련되어 자해나 자살 행동을 시도하기도 한다. 대인 관계에서 자신도 모르게 마음 한구석에는 항상 '저 사람은 언젠가 나를 버릴 것이다.'라는 생각이 있기 때문에 미리 선수를 쳐서 타인을 버리기도 한다.

연극성 성격장애

연극성 성격장애(Histrionic Personality Disorder)는 타인으로부터 관심이나 인정을 받으려는 욕구가 많다. 감정의 기복이 심하고 성적으로 유혹적이거나 도발적인 행동을 하여 타인에게 관심을 받고자 한다. 사람들에게 감정 표현을 과장해서 하기도 하며, 스트레스나 불안과 관련하여 다양한 신체 증상을 보인다.

　연극성 성격장애자들 중 다수는 어린 시절 부모 등으로부터 관심과 애정을 받기 위하여 말과 행동을 과장되게 표현한 경험이 있는데, 일반적으로 성인이 되어서도 이러한 성격이 지속된다. 다른 사람의 관심을 받으면 커다란 성취를 이룬 것처럼 말하며, 작은 아픔을 크게 부각시키고 꾀병이 잦다. 자신이 원하는 것을 얻으면 기분이 좋아지고 원하는 것을 얻지 못하면 기분이 한없이 가라앉는 등 감정의 기복이 심한 편이다.

자기애성 성격장애

　자기애성 성격장애(Narcissistic Personality Disorder)는 자기 자신을 특별하고 대단한 사람으로 생각하여 다른 사람의 눈에는 건방지고 교만해 보인다. 특권의식을 가지고 있으며 타인을 착취하는 경향이 있다. 자기중심적이며 타인에 대한 공감 능력이 부족하고 대인 관계에서 갈등이 많고 자주 분노감을 느끼거나 우울해지곤 한다. 자신을 특별한 사람이라고 대접해 주기를 바라고 있기 때문에 사람들로부터 그러한 대접을 받지 못하면 심하게 좌절하거나 상대를 비난한다(권석만, 2014). 이러한 자기애성 성격장애는 낮은 자존감을 방어하려는 심리적 기제가 바탕에 깔려 있다.

　중독자가 가진 성격적 문제는 중독의 원인이 될 수도 있고, 결과가 될 수도 있다. 성격적 문제가 중독 행동을 유발시킬 수 있는 반면, 장기적인 중독 행동 또한 개인의 성격을 변하게 한다. 성격장애자는 자기 문제에 대한 인식이 없고 변화에 대한 동기가 부족하기 때문에 상담의 효과가 적다. 따라서 중독자의 성격적 문제가 어느 정도 변화되어야 단주나 단약에 성공할 가능성이 있다. 자조 모임의 12단계 프로그램에서도 성격적 결함을 자각하는 것의 중요함을 말하고 있듯이, 성격이 긍정적으로 변화되는 만큼 중독으로부터 회복될 가능성이 높아진다.

한 개인의 성격이 변화되지 않고 중독의 대상만 바뀌는 것을 교차중독 혹은 스위치 이론(switch theory)으로 설명하는데, 알코올중독자가 도박 중독자가 되며, 마약중독자가 섹스 중독자로, 섹스 중독자가 일 중독자 등으로 바뀔 수 있다.

만약에 어떤 알코올중독자가 스포츠 중독과 같은 긍정적인 중독으로 바뀌면 이는 바람직하다고 볼 수 있다. 자신과 타인에게 피해를 끼치는 중독에서 자신과 다른 사람에게 피해를 주지 않으면서 본인도 기쁨이나 즐거움을 느끼는 행동을 하기 때문이다. 그러나 중독이라고 함은 아무리 좋고 이익이 된다고 하여도 결국은 조절이 되지 않으면 자신에게 해가 되므로 상담자는 이에 대한 방안도 모색해야한다.

자기연민

대학원을 졸업하고 부친이 운영하는 회사에 대표이사로
근무하고 있던 40대 중반의 L씨는 이미 대학 시절부터 알코올 문제가 있었다. 최근에는 음주운전을 비롯한 알코올 중독 문제가 심각한 상태가 되어 가족들이 상담을 권유했다. 남들이 부러워할 만큼 많은 것을 갖고 있는 그는 상담자에게 자신의 고통을 이렇게 호소했다. "나는 매사에 아버지와 대립하여 회사를 운영하기도 싫고 다 버리고 떠나고 싶다. 내 마음을 조금도 이해하지 못하는 아내와도 헤어지고 싶다. 이 나라에서도 살기 싫다. 남들은 외적인 면만 보고 나를 부러워하지만 나는 참 불쌍한 사람이다. 마음에 맞는 친구들과 술 마실 때가 가장 편하다."

중독자 중에는 자기애나 자기연민의 경향을 보이는 사람이 있다. 자기연민이 있는 사람은 예민하고 분노감이 많은 편이다. 중독자의 자기연민은 중독자가 자신의 중독 행위를 합리화하는 구실이 된다. 가정이나 사회에서 인정받지 못하고 있다는 것, 자신이 외롭고 힘들다는 것 등이 술을 마시거나 마약을 하는 이유가 된다. 술이나 마약을 할 명분을 얻기 위하여 자기의 처지를 비난하고 슬퍼하는 등의 연민의 감정을 느끼는 것이다. 중독자는 자신이 해야 하는 일들이 부담스러워 벗어나고 싶지만 그렇게 하지 못하는 자신을 스스로 불쌍하게 여기기도 한다.

불안

대부분의 중독자는 불안과 두려움을 빨리 벗어나는 방법으로써 술이나 마약을 사용한다. 술이나 마약은 일시적이나마 현재의 불안을 회피하는 데 도움이 되기 때문이다. 중독자의 불안은 주로 자존감과 관련된다. 중독자는 '남들이 나를 무시하지 않을까, 앞으로 어떻게 살아가야 할까, 일이 잘못되지 않을까, 다른 사람과의 관계를 잘 못하지 않을까.' 등의 근거 없는 부정적 생각으로 불안해하는 경우가 많다.

우울

알코올이나 마약류 중독자의 대다수가 우울 증상을 보이고 있다. 특히 여성의 경우는 우울한 기분을 잊기 위하여 술이나 마약을 자주 접하다가 중독되는 경향이 있다. 알코올이나 마약에 집착할수록 중독자는 그들의 삶을 더 이상 수습할 수 없는 지경에 이르게 되어 알코올이나 마약을 더 강박적으로 사용하게 되고, 사용하지 않는 대부분의 시간은 극심한 우울증과 무기력 상태에 있게 된다. 우울 증상이 심하고 무기력한 중독자 중에 자살을 생각하는 사람도 있지만 죽음이 두렵기 때문에 또다시 알코올이나 마약을 찾는다.

분노

대부분 중독자는 살아오면서 경험한 억울한 감정을 표현하지 못하여 분노가 많이 억압되어 있다. 분노는 생활고가 심할수록, 사회가 공평하지 못하다고 생각할수록 더 강하게 일어난다. 중독자의 분노는 자신에 대한 분노와 타인에 대한 분노, 사회에 대한 분노, 신과 자연에 대한 분노 등으로 나눌 수 있으나 대부분 자신의 무력함에 대해 분노를 느끼고 여기서 나아가 타인과 사회, 신 등에 대한 분노감을 가지게 된다. 중독자는 자신의 분노 감정을 잘 느끼지 못하고, 상대와 상황에 맞게 적절하게 표현하는 데 어려움이 많다. 상담자는 중독자가 자신에게 일어나는 분노 감정을 잘 알아차리면서 적절하게 표현할 수 있도록 도와주어야 한다.

열등감

G씨는 어린 시절 술 취한 아버지에게 심하게 매를 맞고 무서워했던 기억이 있다. 어머니는 아버지와 사이가 좋지 않았으며 자신에 대해 별 관심이 없었고 냉담하였다. G씨는 중학교 시절부터 친구들과 어울려 술을 마시기 시작하였으며 고등학교와 대학교에서도 술을 많이 마셨다. 직장에서는 다른 사람의 부탁을 거절하지 못하고 잘 들어주고 자기 표현이 부족하며 대인 관계가 편하지 않았다.

자신이 남의 부탁을 들어 주지 않거나 자기주장을 하면 남들이 자기를 인정하지 않고 멀리할 것 같아서 그렇게 했다. 그리고 퇴근 후에는 취할 정도의 술을 마시는 것으로 스트레스와 분노를 풀었다.

집에 와서는 부인과 심하게 다투고 늦잠을 자고 피곤한 몸으로 회사에 늦게 출근하는 일이 점차 많아졌다. 요즘 들어 술을 마시면 인사불성이 되는 경우가 많았고 부인과도 자주 다투었다.

G씨는 "다른 사람은 몰라도 부인마저 자신을 무시한다는 것을 결코 용납할 수 없었다."라고 하였다. 열등감은 지금까지 G씨를 지배해 온 핵심 감정이었으나 본인은 지금까지 열등감이 자기를 지배하고 있다는 사실을 자각하지 못하였다. 자기중심적 사고에 빠진 나머지 부인이나 다른 사람의 감정을 이해하고자 하는 마음도 없었다. G씨는 자신의 열등감과 분노감의 노예가 되어 있었고 자기의 불쾌한 감정을 회피하기 위해서 술을 마시는 행동을 지속하고 있었다.

중독자는 낮은 자존감에서 오는 불편함을 벗어나기 위해 알코올이나 마약 혹은 다른 행동에 집착하고 또 다른 사람에게 잘난 척 하는 것 등으로 열등감을 감추기도 한다. 자신이 하던 일이 실패한 후에는 수치심이나 열등감이 더 일어나기 때문에 이런 감정을 회피하기 위하여 술을 마신다. 술에 취하면 자기 자신을 실제보다 훨씬 강하고 괜찮은 사람이라고 착각한다. 그러나 취기가 떨어지면 또다시 한심한 기분이 들어 술을 마시는 행동을 반복한다(허근, 2009). 열등감이 심할수록 다른 사람의 평가에 예민하게 되어 자신을 무시하거나 비하하는 말을 견디기가 어렵고 누가 자신에게 사소한 칭찬이라도 하면 어쩔 줄 몰라 한다. 또한 남이 잘하는 것을 보면 따라 하거나 노력하기보다는 질투하거나 미워하기도 한다.

열등감은 불안과 우울, 고통, 분노감 등의 기분을 가지게 하며 결국 자신에게 피해를 주고 대인 관계도 자연스럽지 못하게 한다. 특히 중독자가 가진 열등감은 배우자와의 관계를 어렵게 한다. 배우자의 어떤 말이나 행동을 자신을 무시하는 것으로 착각하여 갈등이 일어나고 알코올이나 마약을 찾게 된다.

열등감은 피해의식과 관련된다. 중독자는 가족뿐만 아니라 다른 사람이 하는 말과 행동에 대해 예민하며 피해의식을 갖고 있다. 중독자가 자기의 열등감을 있는 그대로 바라보고 수용할 수 있다면 마음이 편안해지고 대인 관계도 좋아질 수 있다.

의존심

중독자는 중독 대상에 의존하여 두려움과 불안에서 벗어나고자 한다. 중독자의 삶에 문제가 생길 때마다 어떤 물질이나 행위에 의존하는 것을 반복하면 독립심이 더욱 줄게 되고 점차 나약해진다.

알코올중독자는 알코올에만 의존하는 것이 아니라 힘들 때마다 가족이나 다른 사람에게도 의존한다. 알코올중독에서 회복하기 위해서는 자신의 생활 문제를 가족이나 타인에게 의존하지 않고 자립할 수 있어야 한다. 그러나 가족이 가진 불안이나 조바심은 중독자의 의존심을 강화하고 지속하는 데 영향을 미칠 수 있다.

수치심

중독자의 특성 중 하나는 수치심이다. 알코올중독자는 종종 자기의 수치심을 감추기 위해 술을 마신다. 수치심은 열등감과 관련되는 것으로 개인의 주관적 생각이며 자기평가다. 자신의 처지가 자기가 바라는 것이나 남에게 보여 주고 싶은 모습과 차이가 있을 때 수치심이 일어난다. 수치심은 '나는 쓸모없고 존재 가치가 없다.'는 등 자기 전체를 비난하는 쪽으로 이어질 수 있다. 수치심은 다른 사람이 자신을 부정적으로 볼 것이라는 투사를 하여 피해의식을 가지며 자기와 타인에 대한 적개심을 유발하고 위축감을 갖게 한다. 피해의식은 직접적으로 피해를 본 것이 없음에도 자기는 피해를 본 것으로 여겨 대인 관계에 악영향을 끼치고 자신을 고립되게 만든다. 많은 중독자가 지금 자신의 모습이나 처지가 부끄럽기 때문에 이를 포장하여 감추려 하거나 술이나 마약을 하거나 혹은 분노를 표현함으로써 자기로부터 도피한다. 중독자가 다른 사람에게 자신을 내세우고 교만해 보이는 행동을 하는 것이나, 전혀 자신을 드러내지 않으려 하는 것 등도 수치심을 감추려는 방법이다.

수치심은 중독 되기 이전 어린 시절에 경험한 상처들로 인해 내면에 깊이 내재되어 있어 중독자 스스로가 알아차리기 어려우며 바꾸려 해도 쉽게 바뀌지 않는다. 중독자에게 수치심이 좋지 않은 이유는 실의에 빠져 우울해지거나 심지어 자살을 생각하게 되고 이는 다시 술이나 마약을 찾게 되는 결과를 낳을 수 있기 때문이다. 중독자는 상담을 통하여 자신의 수치심을 알아차리고 표현함으로써 마음이 편안해지고 대인 관계에서도 수치심의 영향을 덜 받게 된다. 상담을 받은 후 일상에서 자기주시를 하는 것 또한 수치심의 해결에 도움이 된다.

애정결핍

중독을 애착장애로 본다면 중독은 애정의 결핍을 보상하려는 행동이다. 개인은 부모나 중요한 누군가로부터 충분한 사랑과 돌봄을 받지 못하였을 때 중독 물질이나 어떤 대상을 통하여 위로 받으려 한다. 애정결핍감을 느끼는 사람은 알코올이나 마약류 등의 물질을 통하여 생리적 이완이나 쾌감을 얻고자 한다.

가까운 사람에게 사랑받고 싶은 중독자의 갈망은 사랑하는 사람에 대한 집착으로 변하며 집착은 결국 강박적인 의존과 중독을 가져온다. 사랑에 중독된 사람은 강박적인 질투나 유기불안 같은 부정적인 감정에 시달리게 되고 상대를 통제하기 위해 애쓴다. 알코올중독자는 심리적으로 부모나 배우자의 곁을 떠나기 어렵다. 낮은 자존감을 가진 중독자는 배우자에게 의처증을 갖기도 한다. 또 배우자를 조종하고 통제하기 위하여 애쓰는 경우도 있지만 그것은 더 심각한 부부 갈등을 유발한다.

조종하기

중독자의 심리적 특징 중 하나는 다른 사람을 조종하는 것이다. 중독이 심할수록 타인을 조종하는 경향이 더 많다. 중독자는 자기중심적이며 타인을 자신의 의도대로 맞추려고 한다. 화내기, 짜증내기, 심각한 표정 짓기, 각서 쓰기, 울면서 사정하기, 식사 거절하기, 퇴원하기 위해 병원에서 착실하게 치료 받는 척하기, 노력하는 모습 보여주기 등 수많은 방법을 사용하여 다른 사람을 조종하려 하기 때문에 주변사람들이나 전문가들 또한 속아 넘어가는 경우가 많다.

부정, 합리화, 투사 등의 방어기제 사용

중독은 자기가 자기를 속이는 병이다. 알코올중독자는 부정, 합리화, 투사 등의 방어기제를 사용하면서 술을 계속 마신다. '나는 술을 조절할 수 있다.' '나는 중독자가 아니다.' 등의 부정의 방어기제가 흔히 사용된다. 이 과정에서 중독자는 자신이 의식하는 것과 목적이 다르다는 것을 자각하지 못한다.

중독자는 자신이 중독자라는 것을 스스로 인정할 수 없는 상태이기 때문에 자신의 중독을 부정하며 "술을 그만 마셔라." "술 문제가 심각하다."라고 말하는 가족이나 친구와 갈등을 보인다. 중독자가 보이는 부정은 일부러 남을 속이는 거짓말과 달리 무의식적으로 일어나는 것이다. 그 당시에는 진심이기 때문에 본인은 절대 거짓말이 아니라고 생각하지만 시간이 지나면 중독에 빠져 있는 자신의 모습을 만나기 때문에 거짓인 것을 알 수 있다.

중독자가 자기의 문제를 부정하는 구체적 이유는 자신이 알코올 혹은 마약 중독자로 낙인찍히는 데 수치심을 느끼는 것, 중독이라는 것이 인격적 약점 또는 도덕적 타락을 의미한다고 생각하는 것, 더 이상 알코올이나 마약을 할 수 없게 되는 것에 대한 두려움, 자신이 무기력하고 통제력을 상실했다는 생각을 받아들일 수 없는 것 등과 관련된다(Twerski, 2009).

대부분의 중독자는 남의 탓이나 환경 탓을 많이 한다. '누구 때문에, 무엇 때문에'라는 말을 자주 사용하는데, 그 말의 깊은 의미는 '나는 할 수 있다.'를 전제하고 있다. '나는 술을 끊을 수 있는데, 누구 때문에'라고 인식하기에 자신은 문제가 없으며 다른 사람이나 환경을 바꾸려 한다.

하지만 중독으로부터 회복할수록 개인은 자신을 정직하게 볼 수 있는 힘이 생긴다. 회복된 사람들을 만나는 것도 중독자가 자기의 중독 문제를 다른 사람의 모습을 통해서 볼 수 있는 계기가 된다. 어느 회복자는 "AA에서 나와 같은 사람이 자기의 문제를 인정하고 잘 회복하고 있는 것을 볼 때 나도 희망을 가지게 되었다."고 말하였다.

03
중독과 가족

중독자 가족의 특징

가족은 중독자의 행위로 많은 상처와 피해를 받고 있으며 건강도
좋지 않다. 그런데도 가족은 중독자가 병에 걸렸다는 사실을 부정하
고 중독의 문제를 감추고 덮어 주려 한다. 또 중독을 의지력의 부족
이나 도덕적 잘못으로 보기도 한다.

자기중심적이고 이기적인 중독자는 자신의 기분을 가장 중요시하
기에 가족들이 자신의 기분에 맞추어 주기만을 바라며, 다른 가족구
성원들을 배려하는 마음은 거의 없다. 또한 가족의 감정을 무시하고
자신의 생각만 옳다고만 우기기 때문에, 가족 간의 의사소통에 심각
한 문제가 생기고 가족기능에 장애를 일으킨다.

알코올중독자의 자녀는 특히 고통스러운 삶을 살고 있다. 어머니를 구타하는 아버지, 어머니에 의해 낙인찍힌 아버지, 만취되어 추태를 부리는 아버지를 보게 되며, 부모가 싸우는 장면을 자주 본다.

자녀는 불안하고 두려움에 가득 차 있으며 가출을 하기도 한다. 또한 부모의 폭력, 거친 행동, 일관성 없는 태도, 약속 불이행 등으로 실망을 경험함에 따라 우울증이나 불안장애 등 심리적 문제를 갖기도 한다.

가족 중 가장 힘이 약한 자녀는 중독자인 아버지로부터, 그리고 아버지 문제에만 관심을 가지는 어머니로부터도 소외된다. 이런 역기능적 환경에서 자란 아이는 성인아이(adult child)가 될 가능성이 있다. 성인아이는 공허하고 죄책감이 많으며 정체성이 불안정한 특성을 보인다. 이들은 독립성이 부족하며 과도한 책임감을 가지고 살아가면서 다양한 중독에 빠질 위험이 있다.

알코올중독자와 배우자 사이에는 성적 혼란이 생긴다. 알코올중독자는 성욕 감퇴 또는 문란한 성생활과 그에 따른 의처증 및 의부증이 심화된다. 배우자도 성적 불만, 보복 정사, 의부증이 심해지는 등 성적 문제가 부부간 갈등의 주요한 요인이 된다.

가족은 모든 관심이 알코올중독자에게 향해져 있으며 중독자의 중독 행동을 중단시키기 위해 강박적으로 매달리는 등의 효과가 없는 행동을 반복하기도 한다. 따라서 가족은 중독에 대해 올바로 알아야 하며, 가족 교육을 받거나 가족 자조 모임에 참석하여 대처 방법을 배워야 한다. 가족은 일상의 초점을 중독자에게 두지 말고 자신을 분리 주시하고 사랑하면서 자녀를 돌보는 데 관심을 두어야 한다.

공동의존

알코올 치료공동체에 입소한 지 3개월째 되는 40대 초반의 A씨는 다른 입소자의 모범이 될 정도로 회복을 위해 열심히 노력하고 있었다. 그런데 문제는 A씨의 어머니였다. 수시로 공동체의 상담자에게 전화하여 아들의 소식을 묻다가 불안하면 공동체로 달려와서 아들을 만나고 상담자에게 자신의 불안한 심정을 장시간 털어놓아야 직성이 풀리곤 하였다. 간혹 아들이 안부 전화를 할 경우 목소리가 조금이라도 이상하다고 느끼면 바로 상담자에게 연락해 상황을 확인하려 했다. 그런 어머니의 태도에 상담

자는 힘들어했고 아들 또한 부담스러워했다. 어느 날 전
화로 어머니와 심하게 다툰 A씨는 퇴소하고 말았다.

가족이 중독자에게 매달려서 문제를 야기하는 것을 공동의존이라
한다. 공동의존자는 자신을 위해 살아가기보다는 타인의 가치와 기
준에 맞추어 살아가며, 주체성이 부족하고 정체성이 혼란되어 있다.
가족이 중독자에게 의존하는 것은 자신의 삶의 많은 부분에 대해 그
사람에게 권력을 준다는 것을 의미한다(김성이, 2013).

공동의존자는 타인의 행동이 자신에게 영향을 미치도록 방치하면
서 동시에 타인의 행동을 조절하는 데 강박적으로 몰입하는 사람
이다. 공동의존자는 중독자의 일거수일투족을 감시하고 통제하려 하
며, 과도한 책임감을 느끼며 불안해한다. 앞 사례에서 어머니의 소원
은 아들이 술을 끊는 것이었지만 행동은 아들을 불신하고 숨 막히게
만들어서 도리어 다시 술을 마시게 하였다. 이 어머니는 자신의 행동
이 아들이 술을 끊게 하는 데 도움이 된다고 믿었다. 하지만 결과는
의도와는 반대로 아들이 다시 술을 마시게 만들었다. 이렇게 중독자
를 위한다는 자신의 의도와는 다르게 결과가 나타난다는 것을 공동
의존자들은 알지 못한다.

공동의존이 있는 가족은 자신의 감정을 잘 알아차리고 표현하는
데 어려움이 있으며, 다른 사람과의 대인 관계가 잘 형성되지 않고, 중
독자와 가족에 대한 과도한 책임감을 가지고 있다. 또 타인의 지지와
인정을 지속적으로 요구하며, 무력감을 느끼고, 자기의 실제 문제를
부인하면서 순교자적이거나 비난적인 태도를 취한다(조근호 외, 2011).

가족이 중독자에 대해 지나치게 걱정하거나 집착하는 것은 중독자의 회복에 큰 장애가 된다. 본인은 관심과 사랑으로 여기지만 대부분의 행동은 상황에 맞지 않을 뿐더러 중독자에게는 오히려 간섭으로 느껴져 부담을 갖게 하여 피해를 준다(Urschel, 2012).

알코올중독자인 아들이 술에 취해서 다른 사람의 기물을 파괴할 때 어머니가 자식 대신에 여러 번 변상해 주는 것은 중독자가 자신의 행동에 책임지는 것을 방해할 뿐 아니라 오히려 자녀가 같은 행동을 강화해 반복하게 하는 것이다. 일시적으로는 아들의 문제를 해결해 줄 수 있지만 근본적으로 아들은 자신의 책임을 느끼지 못하여 잘못된 행동을 수정하려 하지 않는다. 이런 해결 방법은 더 크고 심각한 상황을 만들 뿐이다.

공동의존 가족은 중독자의 회복을 바라면서도 중독자가 회복하는 과정에서 부정적인 역할을 한다. 중독자가 자립해서 생활하는 것을 불안해하고 혼란에 빠지는 경우도 있다.

공동의존을 가진 사람은 중독자 가정에 적응하기 위해서 여러 가지 역기능적 기제를 사용하며 자기의 역할을 과장하거나 축소하는 경향이 있다(황영훈, 2004). 또한 공동의존 가족은 분리가 잘되지 않아 독립적이며 주체적으로 살아가기가 어렵다. 분리는 개인이 다른 사람과 지내면서 그 사람의 문제를 잘 의식하지만 그 사람의 일에 지나치게 집착하지 않고 상대를 존중해 주면서 자신을 잘 돌보아 가는 것이다. 가족 간에 분리가 잘 되지 않으면 가족은 중독자 대신에 과도한 책임을 지려고 하고, 중독자는 의존하려 하기 때문에 서로 힘들 뿐 아니라 중독자의 자립도 어렵게 된다.

임상장면에서 보면 상담자가 가족에게 공동의존이나 대처 방법에 대해 알려 주면 배우자의 경우는 대부분 이를 잘 실천해 나간다. 하지만 중독자의 어머니 등 부모의 경우는 대처 방법을 가르쳐 주어도 지금까지 자식에게 대했던 방법 그대로 대처하는 경우가 많다. 지혜롭고 냉정한 부모의 사랑을 실천하기란 그만큼 어려운 것이다.

공동의존은 중독자 가족뿐만 아니라 주변 친구나 상담자에게도 나타난다. 상담자들은 지나치게 중독자의 문제를 해결해 주려고 하고, 자신도 모르게 중독자를 자신의 의도대로 통제하려고 한다. 이러한 관계는 중독자의 자립성을 방해하며 정서적으로 상담자에게 의존하게 한다. 상담자는 자신에게 있을 수 있는 공동의존 문제를 주시해야 한다.

04
특수 집단의 중독

청소년 중독

최근 청소년의 중독 문제가 심각해지고 있다. 현대를 사는 청소년의 행복에 장애가 되는 것 중의 하나가 중독 문제다. 청소년의 중독은 신체 건강뿐만 아니라 정신 건강에 부정적 영향을 미치고 학업 성과를 떨어뜨리며 대인 관계를 나쁘게 한다.

1년 전에 고등학교를 자퇴한 A군은 부모가 이혼한 상태로 지금은 어머니와 함께 살고 있다. A군은 중2 때부터 술을 마시기 시작하였고, 지금은 거의 일주일 내내 술을 마시고 있다. 최근에는 친구 한 명과 술을 마신 후 길을 가다가 어떤 사람이 자기를 쳐다본다고 욕을 하고 싸움을 한 혐의로 경찰에 입건되었다. A군은 "술을 먹은 상태에

서 욱하는 심정으로 범행을 하게 되었다. 후회한다."라고
말하며 경찰에 선처를 호소하였다.

청소년기는 발달적으로 중독에 취약한 시기다. 신체적으로나 정
신적으로 성장 중인 시기이므로 약물에 의한 피해가 더 심각하다. 청
소년기에 알코올을 자주 섭취하고 중독과 관련된 문제를 일으키는 것
에 대해 본인이나 가족이 위험성을 모르고 적절하게 대처하지 못하면
성인기가 되어서 중독이 더 악화되어 치료가 어렵게 된다.

청소년의 중독 문제는 일차적으로 역기능적인 가정에서 시작한
다. 부모가 중독 문제가 있거나 부모로서 자녀를 잘 양육하지 못하거
나 부부간에 갈등이 많으면 자녀가 중독의 유혹에 빠질 가능성이 높
다. 부부가 서로 존중하면서 각자 자기 역할을 다하고 중독되지 않는
삶을 사는 것이 자녀를 중독으로부터 지키는 길이다.

최근 우리 사회의 인터넷이나 스마트폰의 보급은 청소년의 알코
올이나 마약, 도박 등 중독 문제가 확산되는 데 영향을 미치고 있다.
청소년은 스마트폰을 통해 마약을 구하는 정보나 마약으로 쾌감을
느끼는 정보를 손쉽게 구할 수 있게 되었다. 인터넷, SNS의 사용이 늘
고 유학생이 증가하며 국제교류가 잦아짐에 따라 청소년 마약류 중
독이 증가하고 있다. 정부의 청소년 마약류 중독자에 대한 적극적인
예방책이 필요할 때다.

청소년의 알코올 및 마약류 중독을 예방하기 위해서는 위험요인
과 보호요인을 잘 알고 대처해야 한다. 위험요인에는 정신질환, 낮은
자존감, 사회기술의 부족, 또래의 압력에 대한 거절 능력의 부족, 성

인에 대한 분노, 일탈 행동에 대한 이끌림, 부모의 알코올 및 마약류 중독, 부모와 자녀 간의 의사소통 부족, 알코올이나 마약류를 사용하는 친구와의 교제, 학교 중퇴, 가난, 알코올이나 마약류에 대한 접근성 등이다.

　보호 요인에는 부모와 자녀 간의 원활한 의사소통, 부부간의 좋은 관계, 학교에서 교사와의 친밀성, 높은 학업 성과, 좋은 친구와의 교제 등이 포함된다(최은영, 양종국, 2005; Capuzzi & Stauffer, 2012). 무엇보다도 청소년 중독의 예방에는 부모의 역할이 가장 중요하다.

노인 중독

> 60대 중반의 한 노인은 사업에 실패한 후 알코올중독자가 되어 부인에게 이혼 당하고 가족과 결별하였다. 그 후 10년이 넘는 세월을 영세민 아파트에서 쓸쓸히 살아가다가 술에 만취된 채 고층 아파트 난간에서 술병과 함께 떨어져 생을 마감하게 되었다.

　젊은 시절부터 알코올 문제가 있는 사람이 노인 시기까지 알코올 문제가 지속되는 경우도 있고 노인 시기에 스트레스나 외로움, 우울 등으로 중독에 빠지는 경우도 있다. 젊은 시절부터 있었던 알코올 문제가 지속되는 경우, 배우자는 오랜 기간 동안의 불화로 인해 더 이상 중독자와 사는 게 힘들어 이혼을 하거나, 자녀들 역시 중독자를 외면

하는 경우가 많다.

시골에서 농사일을 하거나 어업에 종사하는 노인은 피로감을 잊고 힘을 얻기 위하여 습관적으로 음용한 알코올이 중독으로 발전하기도 한다.

노인 알코올중독은 젊은 사람에 비해 신체 질병이나 정신적 피해가 더 많다. 또 노인 알코올중독은 치매를 앞당기는 요인이 되며 교통사고, 자살 등과도 관련된다.

주변 사람들은 알코올중독이 의심되는 노인을 발견하면 빨리 병원이나 전문기관에 연락하여 도움을 받도록 해야 한다. 특히 독거노인의 경우는 위험성이 더 높으므로 지역사회에서 책임질 담당자를 미리 정해 두고 정기적으로 혹은 수시로 방문해서 노인의 상태가 더 나빠지지 않도록 유의하고 필요할 경우는 병원에서 빨리 치료 받도록 해야 한다.

여성 중독

아버지의 알코올중독으로 고통스럽게 살아온 한 여성이 알코올중독자 남편을 만나 견디다 못해 이혼하였다. 그 후유증으로 생긴 우울증과 수면장애의 해소 방안으로 알코올을 이용하였다. 심각성을 느낀 어머니의 애절한 권유로 단주하고 1년 뒤 재혼하였다. 재혼 후 한때 행복한 듯하였으나 남편과의 잦은 마찰로 인한 갈등을 달래기 위

해 몰래 술을 마시기 시작한 것이 결국 중독에 이르게 되
고 남편과도 이혼하게 되었다. 알코올 전문병원에 입원
과 퇴원을 세 차례나 반복하다 퇴원하였으며 지금은 정기
적으로 상담자를 만나고 있다.

여성은 남성과의 신체 기능에서 차이가 있기 때문에 알코올이나
마약류에 더 쉽게 중독되고 회복도 더 힘든 편이다. 남성과 달리 여
성이 알코올중독에 취약한 것은 여성 호르몬인 에스트로겐과 관련된
다(Kuhor, 2012). 여성은 남성보다도 알코올을 분해시키는 효소의 양이
적고 또 몸에 지방 성분이 많기 때문에 같은 양의 술을 마셔도 신체적
피해가 더 심하다.

외상 후 스트레스 장애나 불안장애를 가진 여성이 알코올을 찾는
경우가 있으며, 걱정이나 우울 등 부정적 정서를 회피하기 위해 알코
올에 의존하기도 한다. 분노와 불안, 우울, 외로움 등의 감정은 여성
으로 하여금 술을 더 찾게 한다(한인영, 우재희, 2011). 또 어떤 여성은 술
을 마심으로써 잠을 잘 잘 수 있을 것이라는 기대로 술을 찾기도 한
다. 하지만 여성이 알코올을 가까이 할수록 자녀를 돌보기가 어렵게
되고 가족과의 관계도 악화된다. 상담자는 남성과 다른 여성의 특성
을 감안해서 상담해야 한다.

우리 사회에서 여성 중독자는 가족마저 방치하거나 숨기려는 경
향이 있고 본인도 변화에 대한 동기가 적어 치료와 회복에 어려움이
많다. 중독 전문가는 여성 중독자에 대해 더 많은 관심을 가지고 적
극적인 치료방안을 모색해야 한다.

다문화 가정의 중독

다문화 가정에서 자란 한 청소년이 또래들과 어울리지 못
하였다. 학교에서도 잘 적응하지 못하였으며 다른 사람
에게 자주 욕설을 하고 싸움질도 하였다. 외로움과 분노
를 달래고자 알코올을 친구로 삼다가 마침내 알코올중독
에 빠지고 말았다.

다문화 가정에서 중독자가 많이 늘어나고 있다. 가장인 남편이 알
코올중독의 문제가 있는 경우도 있으며, 이주한 여성이 가족 간의 갈
등으로 중독에 빠지기도 한다. 또 자녀가 알코올이나 인터넷 중독 문
제를 가지기도 한다.

다문화 가정은 일반 가정에 비하여 부부간의 갈등이 더 많고 사회
나 학교로부터 소외되고 있어 중독에 대한 위험성에 더 노출되어 있
다. 특히 청소년의 경우 중독 예방이 더욱 필요하다. 다문화 가정의 부
모가 부모 역할을 잘하지 못하거나 알코올중독 등 중독의 문제가 있을
경우에 자녀가 알코올이나 게임 중독에 빠지기도 한다. 또 친구나 동
료가 대마초나 다른 마약을 할 경우에는 쉽게 유혹에 빠질 수 있다.

다문화 가정을 대상으로 상담할 때, 상담자는 다문화의 특성과 차
이를 잘 이해하고 존중해 주어야 한다. 상담자는 상담자의 역할뿐만
아니라 자문가나 지지자의 역할을 담당하면서 다문화에서 오는 갈등
과 고통을 줄여 주어 가족에게 중독 문제가 일어나지 않도록 예방해
야 한다.

북한 사회의 마약류 및 알코올중독

북한 ○○시에 거주하는 40대의 한 남성은 장사를 하여 돈을 벌고 그 돈으로 자주 빙두(필로폰)를 구입하여 코로 흡입하였다. 빙두를 한 후에는 잠을 자지 않고 길거리를 배회하였고 환각 상태에서 부인과 자녀를 구타하며 가족을 괴롭혔다. 또 다른 여성들과 필로폰을 함께 나누고 정사를 벌이는 등 성적으로 문란한 행동을 하였다.

여러 자료와 북한이탈주민의 탈북 이전 북한 생활상 등을 통해 북한사회에서의 마약류 중독 및 알코올중독 문제가 알려졌다. 북한 사회에서 많은 주민이 마약류와 알코올중독에 빠져 있다. 특히 2005년 이후로 북한 주민에게 얼음, 빙두, 아이스 등으로 알려진 필로폰이 더 확산되고 있다. 대부분의 북한 사람은 필로폰을 흡연이나 주사보다는 코로 흡입하는 방식을 택하고 있다. 필로폰을 하다가 돈이 떨어지면 돈 때문에 살인도 하고, 환각 상태에서 가족에게 폭력을 행사하고 성적으로 문란한 행동을 보이는 사람도 있다. 북한 내에 필로폰이나 대마초와 같은 마약류 중독자가 늘어나는 추세이지만 의약품 대용으로 마약류를 사용하는 등 주민들의 마약류 중독에 대한 인식이나 피해에 대한 경각심은 많이 부족한 편이다(김석향, 2014; 설송아, 2014). 중독 전문가는 북한 사회의 마약류 중독이나 알코올중독 문제에 더 많은 관심을 갖고 도움을 줄 수 있어야 한다.

노숙인 알코올중독

알코올중독으로 3년째 치료공동체에서 생활하며 직업 재활 중인 30대 초반의 B씨는 어린 시절 극심한 가난과 알코올중독자인 아버지의 학대에 시달리다 못해 중학교를 마치고 가출을 하였다. 그 이후 이곳저곳 영세업체를 전전하며 일을 하다가 결국 삶의 고단함을 달랜다는 이유로 일찍 배운 술에 중독이 되었고 10여 년을 주로 역 앞 등에서 노숙 생활을 하였다. 그 결과 영양실조 상태에서 손을 심하게 떨었고 말 또한 더듬거리게 되어 치료공동체에 입소하게 되었다. 현재 B씨의 건강 상태는 많이 호전되었지만 지금도 여전히 손을 떨고 있으며 특별한 경우가 아니면 입을 열지 않는 상태다.

노숙인 가운데 알코올에 중독된 사람이 많다. 노숙인 알코올중독자는 일반 알코올중독자보다 신체적·심리적 문제가 더 심각하다. 많은 노숙자가 영양실조를 동반하고 있으며 알코올 문제뿐만 아니라 우울장애, 조현병 등 정신병적 증상을 가지고 있다.

노숙인 알코올중독자는 주거가 불안정하며 가족이나 친구들과의 단절로 오는 고립감이 심하여 술에 더욱 의존하게 된다. 또한 주변의 노숙인들이 거의 매일 술을 마시는 분위기로 노숙인 생활을 하면 쉽게 중독에 빠질 수 있다. 노숙인이 알코올중독으로부터 회복하기 위해서는 일단 안정된 거주지에서 치료를 시작해야 한다.

치료공동체적 접근은 노숙인 알코올중독자에게 효과가 있는 방법이다. 신원우(2011)는 치료공동체에 입소한 노숙인 알코올중독자 16명을 대상으로 심리적 변화를 알아본 결과, 노숙인 알코올중독자의 자존감과 금주자기효능감 등이 입소 전에 비하여 유의하게 증가되었다고 하였다.

노숙인 알코올중독을 예방하기 위해서는 개인의 심리적 문제에 대한 상담뿐만 아니라 거주지 제공이나 일자리 마련 등의 사회복지적 접근도 같이 해야 한다. 궁극적으로 노숙인 알코올중독자가 다른 사람이나 사회에 의존하지 않고 스스로의 힘으로 일어날 수 있도록 교육하고 상담해야 한다. 우리 사회의 빈곤층을 줄이는 복지 정책도 노숙인 알코올중독자를 예방하는 데 많은 도움이 된다.

05
알코올중독 및 마약류 중독

알코올중독의 특성

소량의 알코올은 정신 기능을 진정시키고 이완시키는 효과가 있지만, 과할 경우 대뇌의 통제 기능을 진정시켜 공격적 행동이나 충동 행동을 유발할 수 있다.

알코올중독은 내성과 금단 증상을 보이는 것이 특징이다. 내성은 동일한 효과를 얻기 위하여 양을 더 늘리거나 빈도를 더 높이는 것이다. 금단은 알코올을 하지 않을 때 심리적으로 불안하고 초조하며 신체적 이상이 일어나는 것이다. 중독자는 금단 증상의 고통을 피하고자 다시 술을 마신다.

알코올중독이 심화될수록 점점 기억력이 상실되고 자기조절이 어려워져 개인의 일상생활은 단지 술을 마시는 데 집중하게 된다. 술에 집착하여 대부분의 시간을 술에 대하여 생각하고 술이 삶의 중심이 된다. 또한 가족 간의 갈등이 심해지고 직장에도 다니기 어렵게 된다. 다른 사람과 대화를 할 때도 자기중심적이어서 타인의 입장을 고려하지 못하고, 예민하며 화를 많이 내는 등 대화가 잘되지 않는다.

마약류 중독의 특성

마약류는 대뇌의 정신 기능에 강력한 영향을 미치는 물질로 단기 사용만으로도 중독이 될 수 있다. 마약류는 정신 기능에 미치는 영향에 따라 진정제, 흥분제, 환각제 등으로 구분된다.

진정제는 알코올이나 아편류가 대표적이다. 아편류에는 아편, 헤로인, 모르핀, 메사돈 등이 포함되어 있다. 이들 물질은 대뇌를 자극하여 편안함과 안락감을 느끼게 한다.

흥분제는 흥분과 쾌감을 느끼게 한다. 필로폰, 엑스터시, 코카인 등이 대표적 흥분제다. 필로폰은 우리나라에서 가장 많이 사용되는 마약류다.

필로폰이 살 빼는 약인 줄 알고 필로폰 주사를 맞게 되었다는 주부나 학생이 있다. 그러나 필로폰이 주는 기분 좋은 느낌은 강화로써 작용하여 사람을 쉽게 중독되게 한다. 필로폰은 주로 주사기를 사용하기 때문에 에이즈나 간염을 전파시킬 수 있고 과다 사용할 경우 뇌에서 도파민 등의 신경전달물질이 급상승해 기분이 좋아지지만 한편으로 환각, 피해망상, 의심증 등의 증상을 보이기도 한다.

엑스터시는 주로 알약으로 되어 있어 사용하기가 간편하여 여성이나 청소년이 많이 사용한다. 엑스터시는 제조하는 곳마다 함량이나 효과가 달라서 약을 먹은 사람이 여러 부작용을 보이고 심장마비를 일으켜서 사망하기도 한다.

대마초는 환각제로 잘 알려져 있다. 대마초는 주로 대마 잎의 끝부분을 말려서 사용한다. 대마초를 복용하면 자기가 마음먹은 대로 세상이 지각된다. 소리가 크게 들리거나 이상한 모양을 보는 등 지각의 이상이 일어난다. 대마초를 복용한 사람이 나중에 눈에서 불빛이 난다고 착각하는 부작용을 보이기도 한다.

본드 등의 유기화학제품은 청소년뿐만 아니라 일부 성인이 사용하기도 한다. 본드를 하면 고통스러운 것을 잠시 잊게 되며 여러 환각 증상을 경험할 수 있다.

프로포폴과 같은 수면유도제도 의료용으로 사용되지 않으면 불법 약물이 된다. 어떤 사람은 약을 복용하기 위해서 하루에도 여러 병원을 돌면서 내시경 검사를 받고 수면유도제를 복용하기도 한다.

알코올 및 마약류 중독의 피해

신체 건강에 미치는 영향

중독이 된다는 것은 내성이 증가하는 것이기 때문에 동일한 효과를 얻기 위해서 더 많이 더 자주 약물을 사용하게 되어 건강이 나빠지게 된다. 알코올이나 마약류를 장기간 사용하면 머리끝에서 발끝까지 몸 전체에 병이 생긴다. 간, 심장, 위장 등의 손상을 가져오고 당뇨병을 유발하며, 면역 기능을 저하시켜 여러 가지 질병을 초래하고 병으로부터 회복을 어렵게 한다. 특히 알코올이나 흡입제 등을 심하게 사용하면 대뇌 손상을 일으켜 젊은 나이에 치매 증상을 보일 수 있다.

정신 건강에 미치는 영향

알코올 및 마약류의 사용은 우울증과 불안, 정신병 등의 증상을 유발한다. 알코올이나 마약이 일시적으로는 기분을 좋게 하지만 물질을 중단하면 대뇌의 조절 기능에 이상을 일으켜 우울증이 생길 수 있다. 중독이 되어 물질에 의존하지 않으면 일상생활이 점차 더 힘들게 되고 대인 관계가 잘되지 않아 우울증이 더 악화된다.

사회 · 경제에 미치는 영향

알코올이나 마약류의 사용은 판단력이나 조절력을 손상시켜 가정과 사회에 많은 문제를 일으킨다. 알코올은 폭력, 살인, 자살, 음주운전, 공공기물 파손, 이혼, 아동학대, 노인학대, 재정 문제, 업무 관련 문제 등으로 사회에 피해를 준다(Babor et al., 2014). 자살시도로 응급실에 실려 온 사람의 40~50%는 음주 상태에서 일어나며 교통사고의 약 50%가 음주운전과 관련된다(신정호, 2006). 필로폰 복용 후에 피해의식이 높아지고, 판단력이 저하된 상태에서 폭력이나 살인과 같은 범죄를 저지르는 경우도 있다. 최근에는 국내 조직폭력집단과 외국 조직

폭력집단이 연계된 마약류 관련 범죄가 당국에 적발되기도 한다.

알코올이나 마약류 중독으로 가족이 많은 고통을 겪게 되고 가정이 파괴되며, 중독자에 대한 의료비, 교도소 수용, 노동력의 상실, 실업률 증가 등으로 국가경제에도 많은 손실을 준다.

중독의 요인

중독은 생물학적 문제, 심리적 문제, 사회문화적 문제, 영적 문제 등이 통합되어 일어나는 것이며, 이는 취약성 이론으로 설명할 수 있다. 유전적 성향이 있거나 어렸을 때 문제가 있는 가정에서 자라 취약성을 가진 사람이 스트레스를 받거나 동료로부터 유혹을 받았을 때 중독이 시작될 수 있다.

이처럼 중독 문제가 다양한 원인으로 일어나기 때문에 중독자의 회복을 위해서는 의사, 심리학자, 사회학자, 사회복지학자, 정치인, 종교인 등 여러 전문가가 협조하고 네트워크를 잘 형성해야 한다.

생물학적 문제

중독의 특성 중 하나는 유전적 경향이 있다는 것이다. 아버지가 알코올중독자인 경우 그렇지 않은 경우보다도 자녀가 중독에 빠질 가능성이 높다.

중독은 대뇌를 손상시킨다. 특히 보상과 관련되는 변연계 부위나 조절력과 판단력을 관장하는 대뇌 전전두엽 부위 등이 손상된다. 올즈와 밀너(Olds & Milner, 1954)의 연구에 의하면 쥐를 대상으로 실험하는 중 대뇌의 어떤 부위에 전기적 자극을 가하자 쥐는 그 자극을 계속 받기 위하여 동일한 행동을 반복하다가 마침내 죽고 말았다. 인간의 중독 행위도 이와 마찬가지로 대뇌의 시상하부나 변연계 등의 부위에 자극을 받고자 물질을 섭취하는 것으로 볼 수 있다.

변연계는 도파민 보상과 관계되는데, 중독자는 인위적으로 변연계의 도파민 강화를 주는 방법을 학습한 것이다. 쾌감 자극을 받기 위하여 술이나 마약류를 반복해서 사용하면, 그 결과 조절력이 상실되고 자연적 보상을 느낄 수 있는 능력마저 떨어진다. 전전두엽 부위의 손상은 판단력이나 조절력, 집행 능력을 손상시켜 사회에 잘 적응하지 못하게 된다.

기억을 담당하는 해마 부위도 중독과 관련된다. 심리적으로 큰 상처를 입거나 강력한 쾌감을 경험하면 해마에 기억이 오래 저장된다. 해마에 저장된 쾌감의 기억은 중독자로 하여금 강렬한 쾌감을 잊지 못하게 하여 반복적인 중독 행동을 이끌게 된다.

심리적 문제

● 인지적 문제

대부분의 중독자는 늘 자기 생각에 빠져 있어 주의집중이 잘 안되며, 사고가 단편적이고 상황을 전체적으로 파악하지 못한다. 또한 문제를 회피하며 상황을 자기가 보고 싶은 대로 보고, 생각하고 싶은 대로 생각한다. 중독자를 대상으로 한 집단상담에서도 그들은 집단의 흐름을 파악하지 못하고 불쑥 자신이 생각하는 것으로 화제를 바꾸며 교육을 받을 때에도 교육 내용의 전체적인 맥락을 파악하기보다는 자기에게 필요한 부분만을 듣고 유리하게 해석하는 모습을 보이기도 한다.

● 학 습

중독을 학습이론으로 설명할 수 있다. 알코올이나 마약류를 사용함으로써 기분 좋은 느낌을 갖게 되고 이러한 긍정적 강화를 계속 받기 위하여 알코올이나 마약류를 찾게 된다. 알코올이나 마약류는 빠른 시간 안에 개인의 기분을 긍정적이며 즐겁게 변화시키기 때문에 쉽게 학습된다(Nakken, 2008). 알코올중독자나 마약류 중독자가 금단 증상에서 오는 불안과 고통을 피하기 위하여 알코올이나 마약류를 사용하는 것은 부적 강화로 설명된다. 중독자는 긍정적 강화와 부적 강화를 얻기 위하여 같은 행동을 반복한다.

부모의 알코올중독을 자녀가 모델링하여 배우게 됨으로써 중독에 빠지는 경우도 있다. 회복 중인 어떤 알코올중독자는 "어린 시절 아버지의 알코올 문제로 인하여 많은 상처를 받고 자랐는데, 어느덧 성인이 된 자신도 아버지가 자기에게 보여 준 모습대로 행동하는 것을 보게 되었다."라고 한다. 또 어떤 회복자는 고학력에 사회적으로 인정받는 직업을 가지고 있었지만, 문제해결 방법이나 감정 처리, 대인관계, 음주 습관 등의 측면에서 자신의 아버지와 똑같은 방식으로 살고 있었다. 중독자인 아버지가 술을 마시고 난동을 피우는 행태를 보여 주었다면 아들 또한 술을 마시고 난동을 피우는 경향이 많으며, 아버지가 혼자서 조용히 술을 마시는 유형이라면 아들도 조용히 술을 마시는 모습을 보이는 것은 아들이 아버지의 행동을 모델링한 것으로 볼 수 있다.

사회 · 문화적 문제

우리 사회에서 술은 일종의 기호식품으로 취급하여 관혼상제 등의 모임에서 관습적으로 술을 마시는 등 술에 대해 관대한 문화를 가지고 있다(박혜숙, 2010). 이러한 사회·문화적 흐름은 알코올과 관련된 많은 문제를 일으킨다.

불안한 사회 분위기 또한 중독에 영향을 미친다. 개인이 미래와 세상에 대해 불안해하고, 심한 좌절감에 빠지면 알코올이나 다른 어떤 대상을 찾게 되고 의존하게 된다. 최근 청년들의 취업난, 중년층의 고용불안, 경쟁 사회에서 오는 부담감, 양극화의 심화, 실직 후 생계의 어려움이나 사회적 소외감 등은 중독 대상을 찾게 한다. 사회 분위기가 건강하고 희망차면 개인은 중독 대상에 덜 의존하게 된다.

술과 담배를 쉽게 구할 수 있는 사회 환경과 인터넷, 스마트폰 사용의 증가도 중독에 영향을 미친다. 알코올이나 마약류 등의 물질이나 도박장 등에 대한 접근성이 높아질수록 더 많은 사람이 중독에 빠지게 된다(박상규 외, 2009; Nakken, 2008).

청소년은 TV나 영화, 인터넷 등의 영상물에서 다른 사람이 술을 마시는 모습을 보고 모델링할 수 있다. 인기 있는 연예인이 출연하는 TV 방송에서 알코올이 낭만적이고 매력적인 것으로 자주 방영되는 것은 청소년이나 취약한 사람에게 호기심을 갖게 하고 따라하게 하여 중독에 빠질 위험성을 높인다.

영적 문제

중독은 영적 문제로도 설명될 수 있다. 중독은 개인의 의지나 의식적 차원으로 해결할 수 없는 강력한 힘을 가지고 있다. 중독자는 무능감을 갖고 있는 이면에 자신은 모든 것을 할 수 있다는 전능감도 함께 가지고 있으며 이러한 자만심으로 인해 자신이 중독자라는 것을 인정하기 어렵다.

중독자는 자기 주시를 하지 않으며 자신을 성찰하지 않는 편이다. 또한 자기의 잘못을 인식하지 못하고 잘못에 대한 참회와 고백을 하지 않으며, 일상에서 감사를 느끼지 못하고, 삶의 의미를 찾고자 하는 노력도 부족한 편이다.

제2부
회복의 지도에서
길을 보다

06
중독의 상담적 접근

중독자에 대한 면담

면담이나 상담의 효과를 증진하기 위해서는 상담자의 전문적 지식이나 경험뿐만 아니라 긍정적 태도와 자신감도 필요하다. 상담자는 중독자가 언젠가는 변화할 수 있음을 믿고 인내하면서 중독자를 대해야 한다.

상담자는 면담 초기에 친구와 같은 자연스럽고 편안한 마음으로 라포를 형성하고 중독자의 강점이나 건강한 면과 치료적 동맹을 잘 맺어야 한다. 중독자는 매우 예민하고 두려움이 많은 편이라 초기 면담이 가장 중요하다. 때로는 라포를 형성하는 데 오랜 시간을 보내야 할 필요가 있다.

중독자는 평소 자신의 말에 귀를 기울여 주는 사람이 없었기 때문에 상담자에게 자신이 살아온 이야기를 끊임없이 하고 싶어 한다. 상담자는 이때 라포 형성에 많은 회기를 할애해야 한다. 이런 과정을 통해서 중독자가 가진 방어기제가 차츰 허물어져 가면서 변화에 대한 동기가 일어난다.

회복의 초기에 있는 중독자는 대부분 자기 문제에 대한 통찰이 없고 사고가 지나치게 경직되어 있으며 면담에 부정적이고 비협조적이다. 이런 경우에도 상담자는 자기주시를 잘하여 자기의 감정을 편안하게 다스려 가면서 중독자의 감정을 잘 공감하고 적절하게 대처해야 한다. 지지와 격려, 존중, 공감 등을 통하여 라포를 잘 형성해 가야 한다. 대부분의 중독자는 자발적으로 면담에 임하지 않으므로 우선 중독자의 마음을 공감해 주고 편안하게 해야 한다. 억지로 오게 된 마음이나 억울한 심정을 알아 준다면 라포 형성이 쉬우며 상담에 흥미를 갖게 된다. 또 중독자가 중독에 빠져서 살 수밖에 없었던 사정을 잘 이해하고 공감하게 되면 상담이 진전된다.

중독자 면담에서는 중독에 대한 병식 정도나 알코올, 마약을 하게 되는 계기, 중독과 관련된 방어기제는 무엇인지, 재발에 대한 것, 알코올이나 마약을 한 후에 어떤 행위를 하는지 등을 자세히 알아보아야 한다. 만약 이 사람이 단주나 단약에 성공했다면 '어떤 것이 계기가 되었을까 혹은 어떤 강점이 있었기 때문일까'를 생각해 보는 것도 좋다. 상담자는 중독자가 가진 장점이나 강점 그리고 취약점 등을 잘 파악해야 한다. 또한 상담자는 그가 상담에서 기대하는 것이 무엇인지를 알아야 하며 상담의 목적에 맞게 구조화를 잘해야 한다.

중독자가 가진 성격이나 중독성 사고는 어린 시절 부모와의 경험에서부터 비롯되는 경우가 많다. 면담을 통해서 중독자의 초기 기억이나 중독자가 부모에 대해 가지고 있는 감정이나 태도가 무엇인지를 파악해야 한다. 또한, 중독자의 초기 기억이나 경험이 현재 이 사람의 성격이나 대인 관계의 갈등과 어떻게 연관되는지 이해해야 한다.

같은 중독자라도 개인의 성격이나 환경이 다양하기 때문에 지금 이 사람을 변화시키기 위해서는 어떤 전략이 가장 효과적일 것인지를 생각해서 상담 계획을 세워야 한다. 중독자가 변화되지 않거나 재발된다면 우선 중독자에게 변화하고 싶은 의사가 있는지를 확인하고, 변화하려는 동기가 없다면 다음을 위해 잠시 휴식기를 가지고 기다려 주는 것도 한 방법이다. 만약 중독자가 변화하고 싶어 하면 재발 또한 좋은 경험이 된다. 재발 시기의 심리나 정서, 행동, 상황 등은 탐색의 귀중한 자료가 되어 추후 재발 방지를 위한 밑거름을 제공한다.

상담자는 중독자가 뇌손상이나 조현병, 우울증 등의 정신장애나 신체질환을 가지고 있는지를 확인하고 이를 고려해서 상담을 진행해야 한다. 알코올이나 마약류 중독자의 경우 신체질환과 인지적 문제를 가진 사람이 많기 때문에 상담을 받을 정도의 신체 건강이나 인지 기능이 유지되고 있는지 알아보고, 신체질환이 있을 때는 병원에서 치료를 받도록 권유하고 의뢰해야 한다.

장기적으로 알코올이나 마약류를 사용하면 대뇌가 손상되기 때문에 상담자는 주의집중력이나 기억력과 같은 인지 기능의 손상 여부도 알아보아야 한다.

중독자가 상담받기를 원하지 않을 때는 중독자의 가족부터 먼저 상담을 받도록 해야 한다. 가족이 중독에 대하여 잘 이해하여 중독자에 대한 태도가 달라진다면 상담자를 대하는 중독자의 태도가 달라질 수 있다.

개인상담과 집단상담

개인상담

중독자는 개인상담과 집단상담 모두에서 도움을 받는다. 개인상 담은 집단상담에서 자기의 문제를 노출하는 데 두려움이 있거나 더 깊이 있는 상담을 원할 때 사용된다.

집단상담

집단상담은 중독이라는 같은 문제를 가진 사람들이 참여하여 서 로의 감정을 나누는 것이다. 집단상담은 여러 사람을 대상으로 상담 할 수 있으며 일상생활의 축소판으로 중독자의 대인 관계 특성을 잘 알 수 있는 장점이 있다. 집단상담은 다른 사람의 이야기를 통하여 간접적 학습을 하게 되며 구성원이나 상담자로부터 풍부한 피드백을 받을 수 있고 다양한 관점에서 자기를 살펴보게 한다(노안영, 2011).

집단상담을 진행하기 전에 상담자는 중독자의 자기 문제에 대한 인식 정도, 인지 기능, 감정 상태, 대인 관계, 집단상담에서의 적합성 등을 평가하여 집단상담의 계획을 잘 세워야 한다(김한오, 2015).

집단상담에 참여한 중독자가 자신과 입장이 비슷한 다른 사람이 자기의 문제를 부인하는 것을 보게 되면 자기 문제에 대한 성찰이 일어날 수 있다. 또한 참여자 중에 전에는 자기와 같았던 사람이 회복되어 가는 모습을 봄으로써 회복에 대한 희망을 가지게 되며 회복의 기술을 배울 수 있다.

회복 초기의 중독자는 자기 문제를 있는 그대로 노출하지 않고 숨기려 하거나 과장하는 경향이 있다. 또 자기중심적 성향이 강한 중독자는 집단의 흐름을 타기보다는 불쑥 자신의 이야기로 화제를 돌리거나 피드백을 한다며 자기 관점으로 판단하여 충고나 조언을 하고 자신의 생각을 장황하게 늘어놓는다. 상황을 세세히 이야기하면서 자신이 전달하고자 하는 핵심에서는 벗어나는 경우도 있다.

중독자를 대상으로 한 집단상담은 참여자들끼리 투사가 심하며, 같은 중독성 사고를 하고 있고, 집단의 흐름이 수시로 전환되기도 하며, 상담 중에 여러 질문과 답변이 오고 갈 수 있는 특성이 있다. 상담자는 필요에 따라 정보를 제공해야 하고, 건강한 생각과 의사소통기술을 가르치며, 자기를 성찰하는 방법을 알려 주어야 한다.

또 많은 중독자가 완벽주의적 경향과 열등감을 갖고 있으므로 상담자의 적절한 자기 노출은 중독자가 가진 권위적 대상에 대한 방어기제를 약화시키며, 완벽하지 않아도 괜찮다는 생각을 하게 하여 중독자가 편안한 마음을 가지고 상담받을 수 있는 분위기를 제공한다.

상담자는 집단 과정에서 자기 주시를 잘하면서 마음의 평온을 유지해야 상담 과정에 맞는 적절한 개입을 할 수 있다.

치료 및 회복의 단계에 따른 개입법

중독 상담에서는 중독자가 자신의 중독 문제를 어느 정도 인식하고 있는지, 중독자 개인의 특성이나 환경은 어떤지 등을 고려하여 상담 전략을 짜야 한다. 특히 회복의 어느 단계에 와 있는지를 알아보고 회복의 단계에 맞는 적절한 개입을 해야 한다. 중독자가 회복의 초기 단계인지, 중기 단계인지, 유지기 단계인지에 따라 개입법이 달라진다.

숙고 전 단계라 할 수 있는 초기에는 라포를 잘 형성하고 지지하면서 희망을 품도록 해야 한다. 중독자는 자기 문제에 대한 인식이 없고 부정적인 감정으로 가득 차 있는 경우가 많으므로 우선 중독자가 하고 싶었던 말과 자기 삶, 감정 등에 대해서 충분히 이야기할 수 있도록 경청해야 한다. 대부분의 중독자는 자기가 하고 싶은 말이 많아서 과거와 현재를 오가며 얘기하고 상황 설명이 길어 전달하고자 하는 핵심을 잘 뜻대로 못하는 경우가 있다. 하지만 그런 경우에도 잘 들어주면서 요약하고 정리해 주어야 한다. 또한 중독자의 억울한 감정, 분노감, 원한 등을 판단하지 않고 들어 주어야 한다. 중독자 대다수가 살아오면서 자신을 이해하고 신뢰해 주는 사람을 만나 본 경험이 거의 없으므로 진정성을 갖고 존중하면서 경청하면 중독자의 마음을 편안하게 해 주고 새로운 경험을 하도록 이끌 수 있다.

중독자가 상담자를 믿으면서 마음이 편안해지고 희망을 가짐으로써 변화하려는 힘과 용기를 갖게 된다. 그러나 마음 한편에는 알코올이나 마약에 대한 갈망이 일어나고 있다. 초기에는 중독자가 가진 이러한 양가감정을 잘 표현하게 하고 반영해 주어야 한다.

라포를 형성한 다음에는 중독자가 자기의 중독 문제를 올바로 인식할 수 있도록 도와주어야 한다. 대부분의 중독자가 자신은 중독의 문제가 없다고 부정하거나 합리화하는 경향이 있다.

중독 문제를 인식한 다음에는 변화하려는 동기를 가지는 데 도움이 되는 동기강화상담, 긍정심리상담 등으로 개입할 수 있다. 또 사이코드라마, 무용치료, 미술치료, 운동치료, 요가 등도 사용할 수 있다.

중독자가 변화하지 않으면 앞으로 자신이 더 많은 피해와 고통을 받고 마침내 비참하게 삶을 마감하게 된다는 것을 인식하게 하고 동시에 중독 생활로부터 회복하면 지금보다 더 행복해질 수 있다는 희망을 갖게 해야 한다.

중독상담의 중기 단계에는 상담자가 중독자의 과거 행동에 대해 탐색하여, 중독자가 지금까지 살아온 자기 삶을 회고하고 자신을 객관화해서 볼 수 있도록 도와주어야 한다. 과거 중독자는 어떻게 살아왔고, 어떤 중요한 일들이 있었으며, 그런 일이 있었을 때 어떤 생각이 들었고, 기분은 어떠했는지, 어떻게 행동했는지 등을 표현함으로써 자기 문제를 잘 인식할 수 있도록 해야 한다.

이 단계에서는 앞으로 자신의 인생을 깊게 성찰하여 선택해야 하고 그 선택에 따른 책임을 자신이 지도록 하는 방식으로 상담을 이끌어갈 수 있다. 상담을 통하여 중독자가 자신을 좀 더 성찰하고 자존감을 가지고 자립하는 것이 중요함을 알게 해야 한다. 또한 중독자가 가진 중독성 사고, 피해의식, 수치심 등도 알아차리고 표현할 수 있도록 해야 한다. 중기에는 나 표현법 등 구체적인 의사소통기술을 가르치는 것이 중요하다.

중기에는 특히 인지행동치료와 현실요법 등을 적용할 수 있다. 또 AA나 NA 등의 자조 모임이 회복에 왜 중요한지를 인식하도록 하여 자발적으로 자조 모임에 참여하도록 하는 것이 좋다. 자조 모임에 참석하여 회복 중인 다른 중독자를 만나 도움을 받는 것이 중독으로부터의 회복에 큰 힘이 된다.

회복 유지기에는 자기의 중독성 사고와 갈망 등을 분리주시하는 것이 가장 중요하다. 또한 AA 및 NA에 꾸준히 참석하면서 생활 전반에서 12단계 프로그램을 활용하는 것도 도움이 된다. 12단계 프로그램을 실천해 나가면서 자신의 중독 문제를 인식하고 도덕적 검토와 성격적 결함을 스스로 알아차릴 수 있다. 또한 자신이 가진 단점을 보완하고 개선해 나갈 수 있으며, 위대한 힘, 신을 인정하고 교만에서 벗어나 겸손과 감사의 삶의 태도를 가지게 된다.

이러한 과정을 통해 회복 유지기에는 자기의 역할을 다하면서 다른 회복자를 위해 봉사하고, 신앙을 가지는 등의 영적 삶의 태도를 가지게 된다. 그래서 이 시기의 중독자는 새로운 삶의 태도를 가지고 술이나 마약 없이도 기쁘게 살아가면서 영적인 데에 관심을 갖게 된다. 회복을 잘 유지하기 위해서는 지속적인 자기주시가 병행되어야 함은 당연하다. 자기주시를 놓치면 재발의 위험성이 높아진다. 회복 유지기에는 중독자가 술 없이도 행복하게 살아가는 기술을 배울 수 있는 긍정심리상담도 도움이 된다.

동기강화상담

　동기강화상담은 회복 중인 중독자가 희망과 용기를 갖고 자신의 잠재력을 발휘하여 변화할 수 있도록 도와주는 것이다. 희망이 있다고 생각하고 용기를 가져야 변화하려는 동기가 일어난다.

　상담자는 중독자를 편안하게 대하며 중독자가 하는 말을 잘 경청해야 한다. 이를 통해 중독자는 자신이 이해받았다는 느낌을 받고 자신의 감정을 표현하게 된다. 상담자의 정확한 공감을 통하여 중독자는 힘을 얻고 자기의 감정을 이해하고 수용하게 된다. 대부분의 중독자는 감정 표현이 단순하고 서툰 경우가 많으므로 내면의 감정을 잘 알아차려서 공감해야 한다.

　상담자로부터 지지받고 공감을 받음으로써 중독자는 자신의 문제를 더 잘 볼 수 있게 되어 변화하려는 동기가 일어난다. 중독자는 현재의 힘든 처지와 미래에 대한 불안으로 낙담해 있으므로 용기를 가지도록 격려해야 한다. 때로 중독자는 지금 상황이 견디기가 힘들다거나 예전보다 더 나빠졌다고 표현할 수 있다. 이때 상담자는 '예전에는 중독 행동으로 느끼고 보지 못하였던 것을 지금은 느끼고 보고 있는 것으로 좋아지고 있다는 신호다.' '잘하고 있다.'라고 격려해 주어야 한다.

　많은 중독자가 오랜 중독 생활 이후 자신의 현실을 직면하면서 자신이 다른 사람에 비해 너무 뒤처져 있다는 것을 알고 무능감과 절망감을 느낀다. 그리고 자신이 지금 변화해도 이익을 얻는 것은 얼마되지 않는다고 느낀다. 그럴 때 상담자는 중독자가 자신의 과거를 되돌아보게 하여 과거에 비해서 점점 나아지고 있음을 보게 하고, 마음의 안정을 얻고 희망을 가지게 해야 한다. 또한 하루하루 깨어 있는 정신으로 살아가는 것에 의미를 두도록 해야 한다.

초기의 중독자는 변화에 대한 희망을 갖고 있지 않는 경우가 많으므로 변화하게 되면 자신에게 많은 이익이 있음을 알 수 있도록 해야 한다.

동기 변화를 위한 방법으로는 공감 표현하기, 불일치감 증폭하기, 저항에 맞서지 않기, 자기효능감 지지하기 등이 있다.

공감 표현하기

공감 표현하기는 중독자가 지금 느끼는 감정을 정확하게 수용하여 표현하는 것이다. 개인이 공감을 받으면 마음이 안정되고 스트레스를 견디는 힘이 생기며 변화하려는 동기가 일어난다. 그러나 중독자가 상담자로부터 공감을 받게 되면 자신의 왜곡된 사고나 잘못된 행동도 옳다고 생각할 수 있으므로 상담자는 중독자의 현재 감정에만 공감해 주는 것이 중요하다.

불일치감 증폭하기

알코올중독자나 마약류 중독자가 자신이 진정으로 바라는 것은 가족과 행복하게 사는 것인데, 지금 자신은 술이나 마약에 의존하고 있음을 살펴보게 될 때 불일치감을 갖게 된다. 상담자는 중독자 자신이 바라는 것과 현재 자신이 행동하는 것 간의 차이를 명료하게 인식하도록 도와주어야 한다.

저항에 맞서지 않기

중독상담은 라포 형성이 아주 중요하다. 중독자가 아직 변화의 동기가 없다는 것은 자신의 문제를 올바로 인식하지 못하고 있다는 것이다. 중독자가 사용하는 부인은 의식적 거짓말이 아닌 불안으로 인해 무의식적으로 나타나는 것이기 때문에 부인이 중독자의 특성임을 이해하고 편안하게 들어 주어야 한다.

상담자의 성급함으로 초기부터 중독자의 중독 문제에 대해서 전문지식으로 가르치려 하거나 도덕적 훈계를 하는 것은 라포 형성에 도움이 되지 않으며 상담이 중단될 뿐 아니라 다음 기회가 주어지지 않을 수 있다.

알코올중독자나 마약류 중독자는 자신이 중독자가 아니고 언제든지 술이나 마약을 조절할 수 있다고 말한다. 중독자가 자신의 문제를 부인하거나 문제를 축소 또는 왜곡하여도 이 문제에 대하여 논쟁할 필요는 없다. 대부분의 중독자는 자기중심적이며 자기가 옳다는 생각을 갖고 있어 논쟁을 하게 되면 쉽사리 자신의 주장을 굽히거나 타협을 하지 않는다. 중독자는 논쟁에 지는 것을 실패로 생각하여 좌절감을 가지거나 화를 내며 이것이 흔히 중독 물질에 대한 탐색으로 연결된다. 상담자는 중독자가 상담에 저항하지 않고 스스로 자신의 문제를 인정할 때까지 편안한 마음으로 기다려야 한다.

자기효능감 지지하기

대다수의 중독자가 어린 시절의 경험에서 비롯된 열등감과 수치심이 내면에 잠재되어 있다. 회복을 하면서 주변 사람으로부터 지지를 받더라도 '나 같은 게 뭐, 내가 하는 게 다 그렇지.'와 같은 생각을 한다. 중독자의 열등감이나 수치심은 과거의 어떤 경험과 관련되어 있기 때문에 이러한 경험을 탐색하고 통찰하도록 하여 원래 자기의 귀중한 모습을 만날 수 있도록 도와주어야 한다. 자신의 잘못된 행동을 검토하여 수치심 대신에 죄책감으로 바꾸어 줌으로써 행동에 대한 수정이 좀 더 가능하도록 해야 한다(Twerski, 2009). 수치심을 갖고 있으면 실의에 빠지고 중독 행동을 하게 되거나 심지어 자살을 생각할 수 있다. 상담자는 먼저 중독자의 열등감이나 수치심, 분노 등의 감정을 편안하게 표현할 수 있는 분위기를 만들어 주면서 동시에 지지와 격려, 칭찬 등을 통해서 중독자의 자존감이나 자기효능감을 높여 주어야 한다.

자기효능감을 높이는 이유는 중독자가 회복을 유지하고 성장하기 위해서 자신을 믿고 용기를 가져야 하기 때문이다. 자기효능감이 높아야 문제를 회피하지 않고 받아들일 가능성이 높다.

회복 중인 중독자의 자기효능감을 높이기 위해서는 중독자의 장점, 어려운 일을 성취한 경험, 실패에서 재기한 경험 등을 다시 생각하게 하는 것이 좋은 방법이 된다. 또한 자신이 귀중하게 생각하는 사람이나 추억, 소중한 가치관이 무엇인지를 알아보게 하는 것도 도움이 된다.

중독자가 보여 주는 사소한 변화에도 상담자가 칭찬하고 격려하며 잘 지지해 준다면 중독자의 자기효능감이 높아진다.

　동기강화상담의 초기에는 열린 질문하기(open question), 인정하기(affirming), 반영하기(reflection), 요약하기(summarizing) 등의 기술을 사용한다.

　"요즘 어떻게 지내십니까?"와 같은 열린 질문은 중독자가 자기 자신을 성찰하게 하며 자신에 관한 구체적인 정보를 상담자에게 제공하게끔 한다.

　인정하기는 "이것을 성취하셨다니 대단하십니다." "그것 참 좋은 아이디어입니다."와 같이 말하면서 중독자를 인정해 주는 것이다. 인정하기는 면담이나 행동 관찰 등을 통해서 중독자를 이해한 다음에 이를 표현하는 것이다.

　반영하기는 지금 "힘이 빠지시는 것 같군요." "지금도 마약을 하고 싶지만 그래도 변화하고자 하는 마음도 있네요." 와 같이 중독자의 말 속에 있는 의미를 생각하고 반응해 주는 것이다. 상담자의 반영을 통해 중독자는 자신이 상담자에게 이해받고 있음을 느낀다.

　요약하기는 '회복을 위해 나름대로는 열심히 했는데, 부인이 과거 일을 다시 끄집어 내니까 힘이 빠지고 부인에게 화가 나시는군요.' 등으로 중독자가 상담자에게 말했던 것들을 요약해서 반영해 주고 대화했던 내용을 강화시켜 주는 것이다.

몸의 자세와 태도 바꾸기

　중독자의 변화 동기를 유발하기 위해서는 몸의 자세와 태도를 바꾸는 것이 도움이 된다. 인간의 몸과 마음은 서로 관련되고 영향을 미치고 있어 몸의 자세와 태도를 바꾸면 마음이 달라진다. 일정 시간 동안 몸을 편안하게 하면서 척추를 똑바로 세우고 앉아 있는 것, 자신감 있는 자세와 태도를 보이는 것, 밝은 표정으로 인사하는 것 등은 자신감을 증진한다. 또 자주 호흡명상이나 절 명상, 묵주기도 등을 하는 것도 동기 변화에 영향을 미친다. 회복 중인 중독자가 사소한 행동이지만 이전과 다른 행동을 하거나 밝고 자신감 있는 표정을 짓는 것을 지속하면 동기 변화가 일어난다.

뿐만 아니라 좋은 환경과 기운이 넘치는 분위기에 있는 것도 동기 변화에 영향을 준다. 특히 숲과 같은 자연환경에서 생활하는 것, AA 나 NA 모임 등에서 잘 회복 중인 사람들을 자주 만나는 것 등은 자신감을 가지게 하면서 동기에 변화를 준다.

인지행동상담

사고와 감정과 행동과의 관계

개인의 사고와 감정, 행동은 서로 영향을 미친다. 감정 상태가 개인의 사고와 행동에 영향을 미치기도 하지만 사고가 감정과 행동에 미치는 영향 또한 강력하다. '일체유심조(一切唯心造)'라 하듯이 모든 것은 생각하기 나름이며, 생각하기에 따라서 자신이 달라질 수 있다. 개인의 고통이나 불행은 상황 자체에 의한 것이라기보다는 그 상황을 어떤 관점으로 보는가, 어떻게 해석하는가에 달려 있다.

중독자는 무슨 일을 해도 실패할 것이라는 생각을 갖고 있기 때문에 '실수를 통해서 참 많은 것을 배웠다.'고 생각하기보다는 '이젠 나는 망했다.' '나는 되는 게 하나도 없어.' '그럴 줄 알았어, 내가 하는 일인데.' '나 같은 게 뭐.' 등으로 생각한다. 이런 생각은 부정적 감정을 갖게 하며 중독 물질에 대한 갈망을 일으킨다.

부인이 알코올중독자인 남편에게 불평해서 중독자가 화를 내는 상황을 상상해 보자. 부인은 힘들어서 불평한 것뿐이지만 중독자는 자신을 무시한다고 생각해서 화가 난 것이다. 만약 중독자가 이와 같은 자기중심적인 사고를 하는 대신에 부인의 입장에서 '힘들어서 화가 났겠구나.'라고 생각하게 된다면, 부인에게 미안함을 느끼게 될 것이며 관계가 더 좋아지고 술에 대한 갈망 또한 줄어들 것이다.

중독성 사고와 치료

중독성 사고는 중독자로 하여금 현실을 왜곡해서 보도록 하며, 중독 행동으로 인한 피해와 부작용을 고려하지 않고 단지 지금 이 순간의 쾌락과 욕구 만족을 추구하게끔 만든다. 알코올중독자는 알코올이 불안을 사라지게 하고 이완을 줄 것이라는 기대를 가지고 술을 찾는다.

중독성 사고는 중독 행동을 하기 위해서 중독자 스스로 만들어 낸 사고다. 이런 중독성 사고를 수정하기 위해서는 중독자 자신이 먼저 자기의 문제를 깊이 인식하도록 도와주고 기다려야 한다.

대다수의 알코올중독자나 마약류 중독자는 자기의 신념이나 생각이 잘못되었음을 알고 있어도 행동으로 옮기기가 쉽지 않기 때문에 상담자가 인내를 갖고 지속적인 교육과 상담을 해야 한다.

알코올이나 마약류에 중독되기 이전에 이미 중독성 사고를 갖고 있는 사람이 많다. 상담자는 어린 시절의 어떤 경험이 지금의 신념이나 생각에 영향을 미쳤는지를 살펴보고, 공감하면서 중독은 삶의 태도가 표면으로 드러난 것임을 중독자가 알게 해야 한다. 그래서 중독자로 하여금 그런 생각을 하게 된 역사와 이유를 이해하게 해서 자신의 사고와 감정을 탐색할 수 있도록 하고 이를 통해 자신의 인지적 틀이나 자동적 사고를 깨달아 스스로 바꿀 수 있게 도와주어야 한다.

알코올중독자가 자신에게 중독 문제가 있음을 피상적으로 알고 있는 경우에는 자신이 알코올에 무력함을 자각할 수 있도록 자조 모임에 참석하게 하거나 자기의 지난날을 깊이 성찰할 수 있는 분위기를 만들어 주는 것이 좋다. '자조 모임에 아는 사람이 있을까 봐 창피해서 못 간다.'는 말을 하는 사람도 있는데, 이는 술을 마실 때가 창피한 것이지 술을 끊으려고 노력하는 것이 창피한 것이 아니라는 것을 알지 못하기 때문이다. 중독자가 자조 모임에 참석하는 것은 자기의 왜곡된 생각을 바꾸는 데 많은 도움이 된다.

중독자는 자기의 욕구를 빠른 시간 안에 편하고 쉽게 충족하고 싶어 하기 때문에 힘든 노력의 과정을 애써 견디려고 하지 않는다. 상담자는 좋은 결과를 얻기 위해서는 과정이 중요하다는 것을 알려 주고 과거를 함께 되돌아보며 쉽고 빠르게 자신의 욕심을 채우려고 한 결과가 어떠했는지에 대해 중독자와 같이 이야기 나누는 것이 좋다.

중독자는 중독 가정이나 역기능적 가정에서 성장한 경우가 대부분이므로 말과 행동이 일치하지 않으며 부정적이고 편협적인 사고를 하고 융통성이 결여된 경우가 많다. 이때 상담자는 자신의 사고방식이나 행동을 중독자가 모델링하여 배울 수 있도록 자신을 노출할 필요가 있다. 좋은 모델링 대상이 되기 위해 상담자는 자기의 모습을 있는 그대로 수용하고 보여 주는 자연스러운 태도를 가져야 한다.

중독성 사고와 관련되는 것은 강박적 사고, 완벽주의다. 중독자는 평생을 술이나 마약을 하지 않아야 한다고 생각하여 부담을 가지고 있다. 너무 잘하려고 애쓰거나 죽을 때까지 단주나 단약하겠다는 강박적 사고는 개인에게 부담을 주어 다시 술이나 마약을 하게 되는 계기가 될 수 있다. 그래서 자조 모임에서는 '하루하루를 살아가자'는 용어를 사용하여 심리적 부담을 줄인다. 상담자는 중독자가 변화에 대한 부담을 적게 느끼고 성취감을 가질 수 있도록 오늘 하루 단주하거나 단약하는 것을 목표로 할 수 있다.

상담자는 중독자가 술을 마시고 싶거나 마약에 대한 생각이 일어날 때는 1분 정도라도 심호흡을 하게 한 다음에 '지금 내가 생각하는 것이 올바른지' '지금 이 생각이 정말 나를 행복하게 하는 데 도움이 되는 생각인지'를 살펴볼 수 있도록 도와주어야 한다.

인지행동상담에서는 중독 행동이나 부정적 정서와 관련된 생각을 다루고 논박한다. 논박에는 논리적 논박과 실용적 논박, 경험적 논박, 철학적 논박, 대안적 논박 등이 있다.

논리적 논박은 '이 생각이 근거가 있는가?' '말이 되는가?'와 같은 질문을 한다. 실용적 논박은 '그것이 나에게 정말 도움이 되는가'를 생각하게 한다. 경험적 논박은 '과거에도 그렇게 해 왔는지' '이 생각을 지지하거나 반박할 수 있는 구체적 사실이 무엇인지에 대해 질문하는 것이다. 철학적 논박은 '그것이 바람직한 것인가' '그런 생각이 과연 옳은 것인가' 하는 등으로 질문하는 것이다. 대안적 논박은 '다른 대안이 없는지' '꼭 그렇게 보아야 하는지' '다르게 볼 수는 없는지' 등을 물어보는 것이다.

중독자가 자신의 생각이 올바르며 논리적인가를 알아볼 수 있는 여섯 가지 질문이 있다(Urschel, 2012).

- 이 생각을 지지하거나 반박할 수 있는 구체적이며 사실적인 증거는 무엇인가?
- 그 상황을 달리 볼 수는 없는가?
- 일어날 수 있는 최악의 것은 무엇인가?
- 일어날 수 있는 최선의 것은 무엇인가?
- 현실적으로 볼 때 정말 어떤 일이 일어날 것인가?
- 이 사고는 부정확한가? 만일 그렇다면 그 부정확함은 어떤 범주에 속하는가? 등이다.

중독자에 대한 인지행동상담은 중독성 사고 바꾸기, 갈망에 대한 대처 방식, 문제해결, 스트레스 관리, 생활 방식의 변화 등이 포함된다.

손익계산하기

중독자에게 가장 쉽게 사용할 수 있는 인지행동적 기법의 하나는 손익계산이다. 알코올중독자가 술을 계속 마심으로써 얻게 되는 것이 무엇이며 손해되는 것이 무엇인지를 자각하게 되면 재발이 줄어들 수 있고 회복에 대한 동기가 일어난다. 중독자는 중독으로 인한 이익을 과장하고 손실을 평가절하해서 생각한다. 알코올중독자는 긴장을 풀어 주고 마음의 고통을 잊게 하는 데 술이 효과가 있다고 생각하면서 계속 술을 마시는 것이다. 그러나 알코올중독으로 인한 신체건강, 경제적 손실, 가족의 고통, 불행한 삶 등으로 손실이 훨씬 더 많음을 자각하면 단주를 하려는 동기가 일어나게 된다. 회복되면 병원입원비가 들어가지 않고 일을 하여 월급도 받기 때문에 더 많은 돈을 벌게 된다.

중독과 관련된 신념과 생각들

● 핵심신념

개인이 살아온 경험은 신념에 영향을 미친다. 핵심신념은 주로 어린 시절 부모 등과의 관계에서 형성된 것으로 내면에 억압되어 있다. 대표적인 핵심신념은 '나는 쓸모없는 사람이다.' '나는 존재 가치가 없는 사람이다.' '나는 인정받을 수 없다.' '나는 나약하다.' 등이다. 이런 신념은 일상에서 수치심을 일으키는 원인이 된다.

● 사고의 틀

핵심신념과 관련하여 개인은 나름대로 어떤 사고의 틀을 가지게 된다. 예를 들어, '완벽하지 않다면 실패다.' '모든 사람이 나를 좋아해야 내가 인정받을 수 있다.' 등과 같은 것이다. 이런 사고의 틀은 자신을 취약하게 하여 알코올이나 마약에 대한 갈망을 불러일으킨다.

● 자동적 사고

자동적 사고는 어떤 상황에서 자신도 모르게 어떤 생각이 저절로 일어나는 것이다. 친구가 계속 전화를 받지 않는 상황에서 화가 난다면 친구가 전화를 받지 않기 때문에 화가 났기보다는 '친구가 나를 무시하고 있다.'는 생각이 자동적으로 일어났기 때문에 화가 난 것이다. 자동적 사고는 습관화되어 저절로 일어나는 생각이지만 비교적 주의를 집중하면 알아차릴 수 있다. 예를 들어, 어떤 알코올중독자는 친구에게 돈을 빌리려다 거절당하자 화가 나고 낙담하여 술을 마시게 되었다. 그러나 사실 이 중독자는 친구가 돈을 빌려주지 않았다는 상황 그 자체보다는 친구가 자신을 무시하고 인정하지 않아서 돈을 빌려주지 않는다고 생각했기 때문에 화가 나고 우울하게 된 것이다.

자동적 사고는 핵심신념이나 자신이 가진 사고의 틀에 영향 받아 일어난다. 어떤 사람은 어릴 때 부모님이 자신을 형과 비교하면서 무시했다는 기억으로 '자신은 모든 사람으로부터 인정을 받아야 한다.'와 같은 나름의 사고의 틀을 가지게 되었다. 그런 사고의 틀로 인해 다른 사람이 우연히 부정적인 말이나 행동을 하면 자신을 무시한다고 생각하여 쉽게 분노를 표출한다. 또 어떤 상황에서 실패하거나 일이 잘 풀리지 않을 때는 자동적으로 자신은 무능한 사람이라는 생각이 들어 우울해진다. 그래서 '우울한 기분을 벗어나기 위해서는 술이나 마약을 하는 것이 좋겠다.'라는 중독적 사고를 하게 된다.

● 중독신념

중독적 사고 혹은 중독신념에는 '술을 마시면 일이 더 잘된다.' '술이 대인 관계를 좋게 한다.' '술이 나를 행복하게 해 줄 거야' '마약을 하면 섹스의 쾌감이 높아질 수 있어.'와 같은 것이다. 중독신념은 개인의 경험이나 욕구와 관련되며 중독자의 중독 행동을 유도하게 된다.

- 예기신념 – 예기신념은 미리 기대하거나 예상하는 신념을 말한다. '지금 술 한 잔 하면 기분이 좋을 텐데.' '불안한데 술을 마시면 좋아질 거야.'와 같은 것으로 알코올에 대해 기대하는 생각이다. 알코올중독자의 예기신념은 술을 마시게 하는 데 영향을 준다.
- 허용적 신념(촉진적 신념) – 허용적 신념은 앞의 사례와 같이 '한 잔만 몰래 마시면 아무도 모를 거야.' '이럴 때는 마셔도 괜찮아.'라고 생각하는 것이다. '내일부터 술을 마시지 않겠어.' '나는 술을 조절할 수 있어.'와 같은 것도 중독 행동을 허용하는 신념이다. 회복 중인 중독자가 '나는 단주한 지 1년이 되었는데, 이제 자조 모임에 가지 않아도 돼.'와 같은 허용적 신념을 가지다가 재발하기도 한다.
- 구원 지향적 신념 – 구원 지향적 신념 혹은 경감신념은 알코올

이나 마약이 자신의 불편한 상태를 없애 주거나 경감시켜 줄 것이라는 가정에 근거한 신념이다. 예를 들면, '술 한 잔 마시면 잠이 잘 올 거야.' '술을 하면 괴로운 것이 잊혀질 것이야.' 등이다.

● **통제적 신념**

통제적 신념이란 자신이 중독신념을 이겨 내고 중독 행동을 통제할 수 있다는 믿음을 의미하고 알코올이나 마약 사용을 감소시키는 신념이다.

통제적 신념은 과거에 성공했던 경험에 의한 자신감이나 혹은 자신과 비슷한 처지에 있었던 사람을 모델링함으로써 강화된다. '잠시만 참으면 갈망이 사라질 것이다.' '오늘 하루만 술을 마시지 않겠다.' '지금까지 잘 견뎌 왔어.' '나와 같은 저 사람도 회복되었다.' 등이 통제적 신념이다.

상담자는 중독자가 가진 중독적 신념을 파악하고, 그 중독적 신념이 자신을 불행하게 만든다는 것을 인식하도록 도와주어야 하며 통제적 신념이 강화되도록 해야 한다.

갈망 다루기

회복 초기에는 자주 갈망이 일어난다. 회복 기간이 길수록 갈망이 줄어들긴 하지만 갈망은 언제든지 일어날 수 있기 때문에 갈망에 잘 대비해야 한다. 갈망이 일어날 때 마음챙김을 잘할 수 있으면 갈망을 효과적으로 다스릴 수 있다. 일반적으로 갈망을 다루는 방법은 다음과 같다(박상규 등, 2009).

● **갈망을 알아차림**

술이나 마약류에 대한 갈망이 일어날 때 지금 자신에게 갈망이 일어남을 알아차려야 한다. 술을 마시고 싶은 갈망이 일어날 때 '지금 내가 술을 마시고 싶어 한다.'는 것을 알아차리는 것이다. 알아차림으로써 마음이 편안해지고 갈망이 줄어든다. 다시 갈망이 일어나더라도 일어날 때마다 알아차리면 갈망의 힘이 점차 약해지고 마침내 사라진다.

● **심상화**

알코올이나 마약을 하고 싶은 갈망이 일어날 때 알코올이나 마약을 한 후 마지막에는 자신이 어떻게 되어 있을지 그리고 알코올이나 마약을 하지 않는다면 어떻게 될 것인지를 상상하는 것은 갈망을 잘 다스리는 데 도움이 될 수 있다. 예를 들어, 술을 마시고 싶은 충동을 느끼는 알코올중독자가 자신이 술을 마셨을 때의 상황을 끝까지 상상해 보는 것이다. 상상의 끝에 가서는 자신이 술에 취해 길가에 쓰러져 있다가 경찰에 의해 발견되어 병원에서 치료를 받고 있는 모습을 그리게 된다. 마약류 중독자의 경우 경찰에 구속되어 재판을 받고 교도소에서 생활하는 모습을 상상할 것이다. 반대로 마약을 하지 않은 결과, 가족과 함께 야외 소풍을 가면서 행복하게 살고 있는 모습을 그려 볼 수 있다. 이처럼 끝을 상상해 보는 심상화 기법은 갈망을 줄이는 데 효과가 있다.

회복 중인 중독자들을 대상으로 집단상담을 할 경우에는 갈망이 일어나는 상황을 글로 쓰게 하여 갈망에 따른 결과가 어떻게 될 것이며 갈망을 이겨낸 경우는 어떻게 될 것인지를 성찰하고 서로 나누는 것도 회복에 도움이 된다.

● 주의 분산하기

갈망이 일어날 때 주의를 다른 곳으로 돌리는 것이다. '주의 분산하기'는 갈망이 약하게 일어날 때 시작해야 효과가 있다. 알코올에 대한 갈망이 일어날 때 후원자에게 전화하는 것도 좋은 방법이다. 마약에 대한 갈망이 일어날 때마다 샤워를 하는 사람도 있다. 또 음악을 크게 틀고 음악에 집중하는 것도 한 방법이다. 술이나 마약에 대한 갈망은 매우 크기 때문에 갈망이 일어날 때 평소 효과가 있었던 방법을 찾아 빨리 주의를 다른 곳으로 돌려야 한다.

● 일정 계획표 만들고 따르기

아침부터 저녁까지 하루의 일정이나 어떤 일에 대한 활동 계획표를 만들어서 실천하는 것도 갈망을 이겨 내는 데 도움이 된다. 규칙적인 일과표나 행동 계획표를 만들어 실천하면 갈망을 미리 예방할 수 있다. 그러나 강박적이며 완벽주의적 성향이 있는 중독자의 특성을 고려한다면, 계획표는 본인이 할 수 있는 만큼 좀 여유 있고 느긋하게 할 필요가 있다.

● 플래시 카드 사용

플래시 카드는 알코올이나 마약에 대한 갈망이 일어날 때 사용할
수 있다. 사람마다 자신의 갈망을 멈출 수 있는 내용이 다르기 때문
에 평소 자신에게 도움이 되는 글귀나 그림, 사진 등을 카드에 적거나
붙여서 사용한다. 어떤 회복자는 카드에 딸의 얼굴 사진과 딸이 적은
글씨를 가지고 다니면서 갈망이 일어나거나 스트레스를 받았을 때
꺼내 보았다고 한다.

스트레스 관리

알코올중독으로부터 3년째 회복 중인 B씨가 재발하였다.
그리고 상담자를 찾아와 재발하게 된 과정을 숨김없이 털
어놓았다. 그는 6년째 병원에서 입·퇴원을 반복하다 끝
으로 3개월간의 치료를 마치고 퇴원하였다. 그 후 AA에
열심히 참석하고 후원자를 찾아 도움도 받으며 1년 6개월
정도 순탄하게 단주 생활을 이어 갔다. 그러던 중 인쇄소
를 운영하던 형의 요청으로 사업에 참여하게 되었다. 그
로부터 2개월 후에 회복과 관련된 모든 일을 그만 두는 등
재발의 경고 증상이 나타나기 시작하였으며 그는 인쇄소
업무에만 전념하게 되었다. 날이 갈수록 바빠지는 업무
에 스트레스를 받아 오던 그는 어느 날 업무상 조그만 실
수를 하게 되고 형에게 핀잔을 듣게 되었다. 속상했지만
자신의 실수를 인정하기에 감정을 억압하였다. 그날 밤

퇴근하려던 참에 타이어가 펑크 났고 하는 수 없이 버스를 타고 동네 입구에 내려 언덕길을 올라가다 슈퍼마켓 앞 파라솔 아래에서 술을 마시는 사람들의 모습을 보는 순간 갈증을 느껴 음료수를 사려고 들어갔다. 그러나 그는 음료수 대신 소주 1병을 순식간에 들이켰다고 한다. B 씨는 상담자에게 "선생님 그 순간 저는 완전히 홀린 것 같았어요."라고 말했다.

대부분의 알코올중독자는 비난을 받으면 힘들어하고 해결 방법을 찾지 못한다. 알코올중독에서 회복할 때, 자신의 완벽성으로 인해 일 중독에 빠지는 경우가 많으며 삶에 여유를 가지지 못한다. 알코올중독자는 술을 유일한 스트레스 해소 방법으로 생각하고 있어 단주하면 스트레스를 해소하지 못하고 쌓이는 경우가 있다. 그럴 경우 자조모임 참석이나 상담자에게 상담을 받는 것 등으로 스트레스를 해소할 수 있도록 유도해야 한다. 마음챙김 또한 스트레스 관리에 도움이 된다.

누구나 자기가 불안하고 긴장되어 있다는 것을 알아차리면 마음이 안정되고 스트레스가 사라질 수 있다. 먼저 자신이 스트레스를 받고 있다는 것을 주시해야 한다. 중독자에게 활용할 수 있는 스트레스 관리 방법으로는 다음과 같은 것들이 있다(박상규, 2014).

● **행동 바꾸기**
스트레스를 받을 때는 일부러 즐거운 행동을 찾아서 한다. 잠시 심호흡을 한 다음에 크게 웃어 보는 것, 활기차게 걸어가는 것, 자신 있게 큰소리로 말하는 것 등이 스트레스 해소에 도움이 된다.

● 몸 돌보기

오랜 기간 알코올이나 마약류를 사용한 중독자는 몸에 해로운 물질로 자기를 학대한 나머지 신체 기능이 많이 망가져 있어 우선 신체를 건강하게 해야 한다. 신체가 건강해야 스트레스에 대한 저항력이 높아진다. 또 스트레스를 받으면 몸이 긴장되기 때문에 의식적으로 몸을 이완시켜 주는 것이 좋다. 어떤 사람은 목욕을 하여 스트레스를 풀고, 어떤 사람은 호흡에 집중하여 몸을 이완시킨다. 또 가벼운 요가 등으로 몸을 푸는 사람도 있다.

● 생각 바꾸기

부정적 생각은 분노와 불안, 걱정, 우울 등의 부정적 정서와 중독 행동으로 이어진다. 스트레스를 받는 사람은 상황이 부정적인 것이 아니라 본인이 상황을 부정적으로 보고 불안해 한다. 같은 상황이라도 생각을 긍정적으로 하면 스트레스를 덜 받게 되고 편안할 수도 있다.

스트레스를 만드는 생각으로는 단주 중 실수로 한 잔의 술을 마신 것을 가지고 '나는 실패자다.' 같은 결론을 내리는 흑백논리, 어느 날 부인이 자신에게 화를 낸 사건을 가지고 '부인이 항상 나를 무시한다.'고 지나치게 일반화하는 과일반화, 자신이 가지고 있는 단점은 과장하고 장점은 축소하는 확대-축소, 상대가 보이는 표정이나 행동을 근거로 그가 자신을 싫어하고 무시한다고 자의적으로 생각하는, 피해의식과 관련되는 독심술 사고 등이 있다(김정호, 2015). 상담자는 중독자가 자신의 잘못된 생각을 잘 살펴보고 잘못된 생각을 바꿀 수 있도록 분위기를 조성해야 한다.

누구든 살면서 실패와 실수를 하더라도 항상 그것을 통해 배울 수 있고 발전할 수 있다. 중독자는 일상생활에서의 사소한 실패나 잘못에 수치심을 심하게 느끼는 편이다. 이러한 수치심은 중독자를 실의에 빠지게 하고 우울한 기분을 가지게 하여 중독 행동으로 이어지게 한다. 중독자는 자신에게 수치심이 일어났다는 것을 알아차리고 생각을 긍정적으로 바꾸도록 노력해야 한다. 어떤 일에 실패했을 경우 이 실패가 어떤 조건으로 일어났는지, 자신의 어리석음 때문인지, 욕심 때문인지 등을 성찰하면 마음이 편안해지며 실패가 성공의 어머니가 될 수 있다. 즉 중독자가 재발하더라도 그 경험으로 자신을 좀 더 명확하게 이해하게 되었다는 것을 알고 그 경험이 회복에 도움을 주었다고 생각할 수 있다.

● 도움 청하기

회복 중인 중독자가 갑자기 갈망을 느낄 때도 있다. 그동안 잘 견뎌냈더라도 긴장이 풀리기도 하며 해야 할 일도 많고 하고 싶은 일도 많기 때문에 조급성이 일어날 수도 있다.

회복 중인 중독자가 스트레스를 받게 될 때는 AA나 NA 등에 참여하여 자기의 마음 상태를 다른 사람에게 솔직하게 표현하는 것이 좋다. 스트레스가 재발로 이어질 가능성이 많으므로 후원자와 이야기하는 것이 재발 예방에 크게 도움된다. 자신의 감정을 믿을 수 있는 누군가에게 속 시원히 표현하면 마음이 편해지고, 정리가 되며 문제를 해결할 수 있는 중요한 정보도 얻을 수 있다.

● 신앙 가지기

신앙은 안정과 희망, 용기를 준다. 스트레스를 받거나 힘들 때는 신앙에 의지하면 마음이 편해진다. 이 세상 어느 누구도 자기를 이해해 주지 못하더라도 자기 안에 살아 계시는 신은 항상 자신과 함께 하며 자기를 사랑하고 계신다고 믿게 되면 마음이 평화롭고 안정된다.

● 취미 생활하기

오랜 기간 술을 마셔온 중독자는 자신이 무엇을 좋아하고 잘하는지를 알지 못하는 경우가 많다. 자신이 정말 무엇을 좋아하는지 성찰하고 자신이 평소 하고 싶었던 취미 생활을 시작해야 한다. 가족과 함께 여행을 하거나, 극장에 가거나, 운동, 산책, 목욕 등 자신이 즐거울 수 있는 일을 할 수 있다. 여행은 회복에 도움을 주는 사람과 함께 가는 것이 좋다. 여행을 통해 아름다운 자연을 느끼고, 맛있는 음식을 먹고, 새로운 것을 배우게 되며 스트레스가 줄어들고 삶의 질도 높아진다.

개인이 살아오면서 무엇을 함으로써 스트레스가 줄어들고 행복했던 경험이 있으면 그것을 다시 해 보는 것이 좋다. 만약에 즐거운 취미 생활이 없다면 취미 생활을 잘하고 있는 다른 사람에게 배우거나 상담자와 의논하여 새로운 취미 생활을 개발할 수 있다. 평소에 건전한 취미 생활을 규칙적으로 하는 것이 재발을 예방하는 데 도움이 된다.

문제해결

중독자는 중독 문제 외에도 신체 건강 문제, 경제적 문제, 법적 문제 등 해결해야 할 많은 문제가 있다. 그럼에도 불구하고 중독자는 자신의 문제를 잘 인식하지 못하고 있으며, 문제가 있을 때마다 문제를 해결하기보다는 술이나 마약과 같은 중독 물질로 회피하는 습관이 있다.

상담자는 중독자가 중독 문제를 포함해서 자신과 자신의 환경을 잘 살펴보고 문제가 무엇인지 정확하게 인식할 수 있게끔 도와주어야 한다. 또 여러 가지 사례, 시청각 자료 등을 최대로 활용하여 중독자가 잘 이해할 수 있도록 문제해결법을 가르쳐 주어야 한다.

문제해결을 위해서는 먼저 자기에게 어떤 문제가 있는지를 정직하게 살펴보아야 한다. 문제를 철저하게 이해한 후에는 문제를 해결할 수 있는 여러 대안을 가능한 한 많이 찾아본다. 이성뿐만 아니라 본능적인 직감도 신뢰하고 더 나은 방법이 없는지를 살펴보아야 한다. 여러 대안 중에서 가장 실현 가능하며 효과적일 것 같은 대안을 고른 다음에 한번 실행해 보고 효과가 어떻게 나는지를 검증해 보는 등의 5단계 방법을 사용할 수 있다.

상담자는 중독자가 자기의 문제를 명료하게 볼 수 있게 하고 해결에 도움이 되는 필요한 정보를 제공한 다음에 본인 스스로 자기의 문제를 해결하도록 기다려야 한다. 상담자가 중독자의 문제를 직접 나서서 해결해 주는 것은 중독자의 독립성과 자존감을 저하시킬 수 있다.

행동상담

행동상담이론에서는 중독이 강화를 받아서 조건형성된 것으로 본다. 행동상담에서 상담자는 중독자의 문제 행동이 무엇인지를 철저하게 평가하고 구체적이며 체계적인 계획에 따라 행동 변화를 가져오도록 해야 한다(노안영, 2011).

인지 기능이 많이 손상된 중독자의 경우 행동상담이 특히 필요하다. 우선 일상생활에서의 기본 규칙을 잘 지키게 하며, 바람직한 행동을 했을 때 즉각적으로 보상해 주어야 한다. 행동을 수정하도록 하는 강화에는 정적 강화와 부적 강화가 있다. 정적 강화는 바람직한 행동을 했을 때 인정이나 칭찬과 같은 심리적 보상이나 돈과 같은 물질적 보상을 제공하는 것이다. 부적 강화는 바람직한 행동을 하였을 때 중독자가 싫어하는 것을 제거해 주는 것이다. 예를 들어, 바람직한 행동을 했을 때 본인이 하기 싫어하는 청소당번을 면해 주는 것이다.

강화 계획은 중독자의 자존심을 손상시키지 않으면서 효과 있고 일관성이 있어야 한다. 보상은 본인이 처한 환경에서 가능한 것으로 하되 개인이 좋아하는 것으로 한다.

상담자는 중독자가 재발하지 않고 변화할 수 있도록 구체적인 행동 기술을 가르쳐야 한다. 마약류 중독자는 마약을 하는 친구와 만나지 않도록 하고, 마약과 관련된 사람의 전화번호를 지워 버리고 마약을 구입할 수 있는 장소 근처에 가지 않도록 해야 한다. 의사소통기술이 부족한 경우는 경청, 칭찬, 나 표현법, 거절하기 등의 기술을 가르쳐야 한다.

회복 중인 중독자가 자기의 행동을 스스로 관찰하여 기술하게 하는 것도 행동 변화에 도움이 된다. 자기 행동을 스스로 관찰하는 것만으로도 바람직하지 않은 행동을 줄일 수 있다.

행동상담에서는 모델링이 특히 중요하다. 상담자는 자신의 말과 행동이 중독자에게 모델이 될 수 있음을 인지해서 솔직하고 인내하며, 약속을 잘 지키고, 타인을 배려하고 자신감 있는 태도를 보여야 한다.

긍정심리상담

긍정심리상담이란 무엇인가

긍정심리상담은 긍정심리학이론에 토대를 두고 개발된 상담으로 인간의 긍정적 특성을 강화하고 장점을 개발하여 아직 드러나지 않은 긍정적 변화의 원천들을 찾을 수 있도록 도와주는 것이다(유은영, 손정락, 2013).

중독자에 대한 긍정심리상담은 중독자의 문제나 고통을 완화하는 데 도움을 줄 뿐 아니라 긍정적 정서와 행복감을 증진한다. 중독자에게 자신의 행복에 가장 장애가 되는 것이 무엇인지를 물어보면, 대부분은 중독이라고 말한다. 하지만 손쉽게 고통과 불행으로부터 벗어나고 쾌락을 느끼고자 중독 물질이나 대상에 집착한다.

중독자가 중독 물질에 의존하지 않은 채 행복하고 건강하면 재발이 예방되고 회복이 유지되기 쉬우며 중독 행동을 그만두어야 한다고 스스로 깨닫게 된다. 긍정심리상담의 핵심은 중독자가 회복을 잘 유지할 수 있도록 행복의 기술을 가르치는 데 있다.

긍정심리상담은 회복 초기에 있는 중독자가 변화에 대한 동기를 가지게 하거나, 회복 유지기에 있는 중독자가 재발을 하지 않고 회복을 잘 할 수 있도록 한다. 회복 중인 중독자가 일상에서 보람과 기쁨을 느낄 수 있으면 재발의 위험성이 줄어든다.

신체 질병을 가진 사람의 질병을 치료하기 위해서 면역력을 강화하는 방식을 사용하듯이 긍정적 특성을 키우는 긍정심리적 개입은 중독자의 심리적 면역력을 강화하여 삶의 고통에서도 알코올이나 마약으로 도피하지 않고 건강하고 행복한 삶을 살 수 있는 기술을 가르친다.

이론적 배경

중독자에 대한 긍정심리상담이론은 기독교, 불교, 유교, 도교 등 종교와 동양심리학, 인본주의 심리학, 영성 등이 통합된 것이다. '가장 보잘것없는 사람에게 해 준 것이 나에게 해 준 것이다.'라는 예수님의 가르침과 '중생은 깨치지 않은 부처' '모든 사람에게는 불성이 있다' '일체유심조' 등의 불교의 가르침, '지극히 정성을 다하면 곧 하늘의 마음을 알 수 있다.' '내가 원하는 대로 남에게 해 주어라.'는 유교의 가르침 등이 긍정심리상담의 이론적 토대가 된다. 또한 긍정심리학에서는 긍정적 정서, 몰입, 관계, 의미, 성취 등의 다섯 가지 요소를 강조한다(박성희, 김진영, 2012).

『도덕경』에는 '화에 복이 의지하여 있고 복 속에 화가 엎드려 있다. 정해진 것이 없으니 누가 그 끝을 알겠느냐.'라고 하여 모든 것이 서로 연결되어 있음을 말하고 있다(김권일, 2015). 동양철학의 관점에서는 긍정적 일이나 부정적 일, 불행과 행복은 극단에서 대치되는 것이 아니라 서로 연결되고 순환하는 것으로 본다. 중독자의 재발과 회복 또한 서로 연결되어 있는 것으로 자연스러운 것이다. 중독자와 성인은 다른 사람이 아닌 한 사람의 태도가 변화하는 것이다. 중독자의 바탕에는 성인의 품성이 있기 때문에 언제든지 성인이 될 수 있다. 유교적 인간관에서는 중독자를 비롯한 모든 사람은 성인이 될 잠재력을 가지고 있어, 자신감을 가지고 본인이 할 수 있는 작고 쉬운 일부터 하나씩 실천해 나가면 누구나 성인이 될 수 있다고 본다.

또 인간에게는 자아실현의 욕구나 잠재력을 가지고 있다는 서구의 인본주의 이론도 중독자에 대한 긍정심리상담에 적용된다. 로저스(Carl Rogers)는 '어떤 사람이라도 자기를 찾고 성숙할 수 있는 잠재력을 가지고 있기 때문에 상담자가 진실하고 정확하게 공감하며 존중하는 태도로 대하면 중독자는 이를 모델링하여 스스로에게 진실해지고 자기의 감정을 올바로 이해하게 되며 자기를 사랑하고 존중하게 된다.'고 하였다.

긍정심리상담은 긍정정서에 초점을 둠으로써 중독자의 주의, 기억 및 기대가 부정적이고 파국적인 것에서 벗어나 긍정적이고 희망적인 것으로 바뀔 수 있게 한다. 긍정심리상담에서는 중독자가 행복감을 증진할 수 있도록 돕는 행동적인 기법들을 중점적으로 활용하며, 중독자가 삶의 의미와 강점을 파악하도록 격려한다(박성희, 김진영, 2012).

중독과 긍정심리상담

긍정심리상담에는 변화에 대한 동기를 부여하고 회복을 유지하고, 잠재성을 발견하며, 자신을 즐겁게 할 수 있는 내용이 포함되어 있다.

● 변화에 대한 동기부여

긍정심리상담은 중독자가 자신을 사랑하고 행복하기 위해서는 변화해야 한다는 것을 자각하게 하기 때문에 변화에 대한 동기를 부여하는 데 도움이 된다. 긍정심리상담을 통하여 중독자의 마음이 편해지고 자존감과 자신감이 높아지면 변화에 대한 동기가 증진된다.

● 회복의 유지

재발은 대부분 불행감과 관련된다. 회복 중인 중독자가 마음이 편안하고 희망을 가지고 살아가면 회복이 잘 유지된다. 감사, 용서, 삶의 의미와 같은 영성, 타인에 대한 배려 등 행복의 기술을 가르치는 긍정심리상담은 중독자의 변화 동기를 증진하면서 재발을 예방하여 회복을 잘 유지하게 한다(유은영, 손정락, 2013).

회복을 잘 유지하는 사람은 자신의 처지에 만족하면서 지금 자신에게 주어진 역할을 다한다. 유교에서 말하는 군자의 태도처럼 회복 중인 중독자는 언제나 자신의 처지에 맞게 처신할 뿐이며 자기 처지 밖의 것은 바라지 않는다. 자신이 부귀할 때는 부귀에 맞게 처신하고, 빈곤할 때는 빈곤에 맞게 처신하며 환난을 당할 때는 환난에 맞게 처신한다. 어떤 상황에서든지 그 상황에 맞게 처신하며 항상 만족하려고 한다(이동환, 2008).

회복을 유지하는 것은 단주나 단약의 지속이 아니다. 회복은 매일의 영적 성장이 따라야 하는 것으로 항상 자기를 주시하면서 즐겁고 기쁜 마음을 가지면서 살아가는 삶의 태도를 가지는 것이다.

살아오면서 형성된 습관의 먹구름이 오늘 하루를 어둡게 하지 않도록 지속적으로 명료한 자기주시를 하면서 명랑하고 즐겁게 살아가야 한다. '나는 잘하고 있어.' '그래, 할 수 있다.'와 같이 자신과도 긍정적인 대화를 나누고 만나는 사람에게도 가능한 한 긍정적으로 이야기하는 습관을 가져야 한다.

중독자가 경험한 강렬한 쾌감의 기억은 쉽게 사라지지 않기 때문에 항상 자기주시를 하면서 마음을 안정시키고 기쁨과 의미를 가질 수 있는 일을 찾아야 한다. 어느 회복자는 중독자가 경험한 쾌감을 '자물쇠가 없는 벽 속에 숨은 악마다.'라고 표현하였다. 한순간 마음이 불안하거나 나태해질 때 과거의 습관이 불쑥 나타날 수 있기 때문이다.

● 잠재성의 발견

상담자는 개인의 잠재성을 잘 볼 수 있어야 한다. 잠재성을 본다는 것은 한겨울의 나뭇가지에서 봄에 필 꽃망울을 볼 수 있는 것과 같다. 비록 지금은 중독자로서 회복에 힘들어 하지만 머지않아 회복되어 사회에서 자신의 잠재력을 꽃피울 수 있는 귀중한 사람으로 보고 인내하면서 기다려야 한다.

잠재성을 실현한다는 것은 없는 것을 만들어 가는 것이 아니라 본인이 원래 가지고 있었는데, 보지 못하였던 씨앗을 상담자와 함께 찾아서 예쁘게 꽃피우는 것이다. 상담자가 중독자의 잠재성을 잘 보기 위해서는 상담자 스스로가 영적 눈을 가지고 있어야 한다. 쉽게 눈에 띄지 않지만 인간이라면 누구나 가지고 있는 귀중한 보석을 찾을 수 있는 눈을 가져야 중독자의 회복에 많은 도움을 줄 수 있다.

● 새로운 취미 생활

중독자에게는 과거 즐거운 기억이 별로 없는 경우가 많다. 반면에 알코올이나 마약을 했을 때의 즐거운 기억은 강하게 남아 있다. 회복 중인 중독자가 술이나 마약 이외에 자신에게 즐거움이나 기쁨을 주는 것을 찾아 경험하면 회복의 유지에 도움이 된다. 여행이나 운동, 예술 활동, 원예, 동물 키우기 등 자신과 가정에 피해를 주지 않으면서 몰입할 수 있는 것을 찾아야 한다.

중독자에게 건강한 기쁨과 즐거움을 줄 수 있는 활동들

여행: 여행은 개인의 오감을 즐겁게 한다. 좋은 풍경을 보고 아름다운 소리를 들으면서 색다른 공기를 맡고 맛있는 음식을 먹는 것은 삶의 생동감을 가지게 하며 행복감을 준다.

운동: 약간의 땀이 날 정도의 운동은 기분을 좋게 한다. 운동을 함으로써 몸에 좋지 않은 불순물이 땀이나 호흡으로 제거될 뿐 아니라 기분을 좋게 만드는 엔도르핀과 같은 물질을 분비하게 한다.

예술 활동: 음악감상, 영화감상, 악기 연주하기, 그림 그리기, 사진 찍기 등의 예술 활동에 몰입하는 것은 마음을 평화롭게 하며 기쁨을 준다.

동물 키우기: 닭이나 개, 고양이, 염소 등의 동물을 키우면 마음이 안정되고 애정이 일어난다.

상담 받기: 자기를 믿고 지지해 줄 수 있는 상담자를 만나 자기의 감정을 말하고 문제해결에 도움을 받는 것은 마음을 안정시키고 행복감을 느끼게 한다.

영성과 긍정심리

영성은 긍정심리의 핵심 내용 중 하나다. 긍정심리는 감사, 삶의 의미, 용서, 신앙 등의 영성적 내용을 포함한다. 중독자는 회복하면서 감사할 일이 더 많아진다. 회복 과정에서 현실의 어려움을 다시 직면하게 될 수 있지만 문제를 회피하던 과거와 달리 자신이 정신을 올바로 차리게 되었다는 것만으로도 감사할 수 있다. 환경이나 처지가 좋아지지 않더라도 받아들이고 의미를 두며 감사할 수 있는 것이 은총이다.

자기사랑하기 프로그램

자기사랑하기 프로그램은 중독자가 자기를 사랑함으로써 단주와 단약에 대한 동기를 증진하며 행복한 삶을 살게 하는 것을 목적으로 구성되었다(박상규, 2002). 중독자는 어린 시절 부모와의 관계에서부터 스스로를 인정하지 않고 존중하지 않는 경우가 많아 자기를 사랑하는 데 초점을 둔 프로그램이 필요하다. 자기사랑하기 프로그램은 마약류 중독자 및 알코올중독자의 우울한 기분을 줄이고 단주 및 단약 효능감을 높이는 데 도움이 된다(박상규, 2002; 전영민, 2002).

● **진행 절차**

프로그램의 진행 절차는 수식관 명상, 강의, 주제와 관련된 내용을 참가자가 발표하기, 종합적 토론 및 소감 나누기 등으로 구성되어 있다.

● **프로그램의 주제**

프로그램의 주제는 나는 누구인가, 나의 몸 보살피기, 좋은 그림 찾기 및 자신의 장점 알아보기, 자신의 진정한 욕구와 바람을 알고 계획 세우기, 타인 용서하기, 자기 용서하기, 칭찬하기, 마약을 함으로써 잃게 되는 것과 마약을 하지 않음으로써 얻게 되는 것, 스트레스를 관리하고 새로운 즐거움 찾기, 대인 관계 잘하기, 인생의 의미 알기, 자신의 미래상에 대한 심상화하기 등으로 구성되어 있다.

글쓰기 요법

자신의 마음을 솔직하게 표현하는 것은 회복에 도움을 준다. 자기

하늘이 어두워도 태양은 구름 너머 항상 그대로 있다. 다만 지금 우리 눈에만
보이지 않을 뿐이다. 내면의 귀중한 보석도 우리가 보지 못할 뿐이지만
내 안에서 찬란히 빛나고 있음을 알아야 한다.

의 과거를 회고하면서 글로 쓰는 것은 마음을 안정시키고 자기를 객관화해서 볼 수 있게 한다. 또한 글쓰기는 자기 문제를 자각하게 하고, 미래에 대한 계획을 세우는 데 도움이 된다. 영화 〈바스켓볼 다이어리〉(1995)에서 주인공은 마약을 하면서 겪게 되는 여러 과정과 자기의 심정을 사실대로 글로 적음으로써 자기를 객관화해서 볼 수 있었고 회복에 희망을 가지게 되었다. 또한 주인공이 글을 쓰는 것 자체가 자신이 살아가야 할 의미가 되었으며, 삶의 장애를 헤쳐 나갈 중요한 무기가 된 것이다.

자신의 힘든 점이나 어려운 점 그리고 즐겁고 보람찬 일 등을 있는 그대로 정직하게 글로 적는 것은 마음을 안정시키고 자기를 성장하게 한다. 일기 쓰기와 편지 쓰기 등도 글쓰기에 해당되는 요법이다. 일기를 쓰면서 자기의 마음을 정리하고 성찰할 수 있다. 자신에게 편지를 쓰는 것 또한 자기이해와 정화를 할 수 있게 해 주고 자신의 심정을 쓴 글을 다시 읽어 보는 것 역시 자기를 좀 더 깊이 이해하는 데 도움이 된다.

애플 프로그램

애플 프로그램은 중독자를 위한 새로운 치료법의 하나다. 이 프로그램의 아이디어는 사과를 좋아하는 애완견을 움직이기 위해서는 다른 어떤 방법보다도 사과를 제공하는 것이 가장 효과가 있었다는 필자의 경험과 통찰에서 도출되었다. 지금 이 사람을 움직일 수 있는 무언가를 찾아 주어야 보다 효과적인 변화를 이끌어 낼 수 있다. 중

독 행동을 변화시키기 위해서는 중독자가 좋아하고 즐길 수 있는 것을 알아보고 찾아 주어야 한다. 그 개인이 좋아하고 즐기는 것이나 삶의 목적 및 의미가 무엇인지를 잘 파악하고 이를 강화해 주어야 중독으로부터 멀어질 수 있다.

중독자가 잘 변화되기 어려운 것은 중독자 스스로 삶에서 기쁨과 의미, 생동감을 느낄 수 있는 어떤 것을 찾지 못하였기 때문이다. 특히 오랜 기간 알코올이나 마약을 섭취한 중독자는 자신이 무엇을 좋아하는지를 알지 못하는 경우가 많다. 상담자는 중독자가 여러 가지 하고 싶은 것들을 해 볼 수 있도록 지지함으로써 중독자가 자신이 좋아하고 즐길 수 있는 것을 발견할 수 있게끔 도와주어야 한다.

상담자는 중독자가 회복하기 위해서는 지금 이 중독자가 무엇을 좋아하는지, 무엇을 제공할 때 중독자가 변화될 수 있는지를 잘 알아야 한다. 면담과 행동 관찰, 과거력 등을 통해서 정보를 얻을 수 있다. 물론 회복 중인 중독자의 대부분은 술이나 마약 이외에 자신이 좋아하는 것, 자신이 기쁨을 느끼는 것이 무엇인지를 잘 모르기 때문에 이 과정에서 시간과 경험이 필요할 수 있다.

알코올이나 마약 등 중독으로부터 회복된 이들의 사례를 보면, 대부분은 신앙이나 마음챙김 등의 영성적 변화 혹은 가족에 대한 소속감이나 사랑이 개인의 변화에 도움을 주었다는 것을 알 수 있다. 중독자는 가족이나 혹은 상담가 등 누군가로부터 진정한 관심과 사랑을 받았을 때 변화에 대한 동기가 일어난다.

중독자가 회복이 되면 좋은 점이 무엇인지, 술이나 마약을 계속했을 때 나중에 자신이 많은 고통을 겪을 수 있음을 알게 되면 변화하려는 동기가 일어난다. 상담자는 중독자가 무엇을 좋아하는지, 어떤 점에서 불편해하는지 등을 면담을 통해 알아보고 이를 적용한 프로그램을 제공해야 한다.

애플 프로그램의 주요 내용은 다음과 같다.

- 중독자를 친구로 대하라.
- 중독자가 대인 관계에서 무엇을 힘들어 하는지를 파악하라.
    ― 어린 시절에 부모와의 관계는 어떠한가?
    ― 부모에 대하여 느낀 감정은 무엇인가?
    ― 어떤 이야기를 부모 등 다른 사람에게 듣고 싶었던가?

- 중독자가 자연스러워하며 편안해하는 것이 무엇인지를 파악하라.
- 중독자가 무엇을 좋아하는지를 파악하라.
- 중독 행동을 계속하면 나중에 본인이 얼마나 더 고통스럽게 살 것인지를 알게 하라.
- 중독 행동을 그만둠으로써 본인이 더 신나고 즐겁게 살 수 있음을 알게 하라.
- 본인을 신명나게 하는 것을 찾아보고 실천하게 하라.
- 본인과 가족의 행복을 위하여 지금 무엇을 할 수 있을 것인가를 생각하고 실천하게 하라.

애플 상담의 원리를 이용한 프로그램은 다음과 같이 구성할 수 있다.

1회기: 라포 만들기

2회기: 핵심 감정 이해하기

3회기: 공감 나누기와 나 표현법

4회기: 내가 좋아하는 것

5회기: 중독과 고통

6회기: 회복과 행복

7회기: 나를 신명나게 하는 것

8회기: 잘 놀고 즐기기

9회기: 영적 체험하기

10회기: 나와 가족이 행복하기

자연치유-숲 치유

알코올중독으로부터 회복한 지 10여 년이 지나 지금은 중
독전문가로 활동하고 있는 P씨는 단주 초기에 마음이 불
안하고 쓸쓸할 때 산길을 자주 걸었다고 한다. 낙엽이 흩
날리는 어느 날 산길을 걸어가다 떨어지는 낙엽을 보며
'저 나뭇잎은 한여름 내내 맑음과 푸르름을 선사하다가
떨어져서도 거름으로 썩어 가는구나! 나는 지금까지 무
엇으로 살았고 어떻게 져 가는가?' 하는 각성을 하면서 낙
엽과 같은 삶을 살아가고 싶다는 소망을 가지게 되었고
그 후 집단 프로그램에서 자신을 소개할 때 별칭을 '낙엽'
으로 쓰고 있다고 하였다.

중독의 요인은 크게 심리 내적 요인과 환경적 요인으로 구분할 수
있다. 그러나 지금까지 중독의 치료에서 심리적 요인은 강조하였으
나 환경적 요인의 중요성을 알아보고 치료에 적용한 사례는 드문 편
이다. 중독자는 숲속에서 마음이 안정되고 중독 이전, 자연인으로서
자기를 만나기 때문에 중독의 치료와 회복에 숲과 같은 자연환경을
적용하는 것이 효과가 있다. 자연으로의 회귀는 참나를 찾게 하여 회
복에 힘을 준다. 숲과 강, 햇빛, 바람 등의 자연은 세상의 일이나 대인
관계로 힘들어하는 사람을 위로하고 마음의 상처를 치료해 준다. 숲
과 같은 자연 속에서 인간은 자연으로서의 자기를 만나기가 쉽다. 사
람이 꽃을 보다가 나중에는 꽃과 하나가 되듯이 자연과의 일체감을

느끼며 치유되는 경우가 많다.

숲에는 사람의 마음을 안정시키며 생동감을 느끼게 하는 피톤치드 등 다양한 물질이 분비되고 있다. 숲에서의 향기, 경관, 소리 등 다양한 요소를 활용하면 인체의 면역력을 높이고 건강을 증진할 수 있다(안희영, 이건호, 2013). 뿐만 아니라 숲은 스트레스를 해소하고 희망감을 고양하며 자존감을 높이고 생동감을 향상하는 등 정신 건강과 삶의 질에도 좋은 영향을 미친다(김주연 등, 2013; 김영규 등, 2015). 이렇듯 자연이 주는 치료 효과를 비타민 G라고 부르는데, 숲에는 사람의 눈에는 잘 보이지 않지만 몸과 정신에 좋은 많은 요소가 살아 있다(Selhub & Logan, 2014).

회복중인 중독자는 숲에서 지친 몸을 치료하고 위로를 받으며 생동감을 가짐으로써 회복 유지에 도움받을 수 있다. 한겨울의 추위 속에서도 파릇한 모습으로 의연하게 서 있는 소나무를 볼 때 삶에 대한 의지가 생긴다. 봄의 아름다운 꽃들을 바라보면서 마음의 안정과 생동감을 느낄 수 있다. 또 식물들이 계절에 따라 달라지는 것을 보면서 모든 것은 변한다는 진리를 배우게 된다.

누구나 숲의 나무, 바람, 동물 등이 말하는 가르침에 귀를 기울이면 마음의 평화를 얻을 뿐 아니라 삶의 지혜를 배우는 등 영적 체험을 할 수 있다.

숲은 어머니처럼 우리를 위로하고 사랑한다.

AA 및 NA의 12단계

　　AA(Alcoholics Anonymous)의 역사는 알코올중독자인 두 사람의 만남
에서 시작되었다. 이들은 자기의 문제를 솔직하게 고백하는 시간을
통해서 단주에 성공할 수 있었으며, 지지와 공감, 영성이 회복에 중요
한 요인임을 깨닫고 AA 모임을 시작하게 되었다. AA의 12단계는 회
복을 위한 실천 방법이며, 자기주시의 삶, 깨어 있는 삶, 영적 삶을 말
한다. 정직해야 회복할 수 있다고 보고 자기의 마음을 있는 그대로
정직하게 볼 뿐 아니라 타인과 신에게도 솔직해야 변화가 시작될 수
있다고 가르친다.

　　자기에게 정직해야 자기의 실상을 있는 그대로 보고 수용할 수 있
으며 이를 토대로 타인을 그 사람의 입장에서 있는 그대로 이해하고
수용하게 된다. 또 자신의 약함을 잘 알고 있기 때문에 신을 믿고 의
지함으로써 겸손과 지혜를 얻고 마음의 안정을 가지게 된다. 자신이
타인에게 바라는 것과 타인이 자신에게 바라는 것들을 있는 그대로

보게 되면 자연스럽게 대인 관계도 좋아진다.

중독자는 12단계를 통하여 자기 문제를 인식하면서 중독에 대한 자신의 무력함을 솔직히 인정하고 받아들이게 된다. 또 영적인 체험을 통하여 영성의 변화가 이루어지고 타인을 배려하고 봉사하는 삶을 살게 된다. 알코올중독으로부터의 회복은 영성의 변화이며 궁극적으로 깨어 있는 마음으로 자기를 사랑하고 이웃을 배려하며, 알코올 이외에서 삶의 의미와 행복을 찾는 삶을 사는 것이다.

구체적인 실천 행위로서 12단계 프로그램의 내용은 다음과 같다.

1단계: 우리는 알코올에 무력했으며 스스로 생활을 처리할 수 없게 되었다는 것을 깨닫고 시인한다.

2단계: 우리보다 위대한 '힘'이 우리를 건전한 본정신으로 돌아오게 해 주실 수 있다는 것을 믿는다.

3단계: 우리가 이해하게 된 대로 그 신의 보살핌에 우리의 의지와 생명을 완전히 맡기기로 결정한다.

4단계: 철저하고 두려움 없이 우리의 도덕적 생활을 검토한다.

5단계: 솔직하고 정확하게 우리가 잘못했던 점을 신과 우리 자신에게 그리고 어느 한 사람에게 시인한다.

6단계: 신께서 우리의 이러한 모든 성격상 약점을 제거해 주시도록 준비를 완전히 한다.

7단계: 겸손한 마음으로 신께서 우리의 약점을 없애 주시기를 간청한다.

8단계: 해를 끼친 모든 사람의 명단을 만들어서 그들에게 기꺼이 보상할 용의를 갖는다.

9단계: 어느 누구에게도 해가 되지 않는 한, 할 수 있는 데까지 어디서나 그들에게 직접 보상한다.

10단계: 계속해서 자신을 반성하여 잘못이 있을 때마다 즉시 시인한다.

11단계: 기도와 명상을 통해서 우리가 이해하게 된 대로의 신과 의식적 접촉을 증진하려고 노력한다. 그리고 우리를 위한 신의 뜻을 알고 그것을 이행할 수 있는 힘을 주시길 간청한다.

12단계: 이러한 단계로 생활해 본 결과, 우리는 영적으로 각성되고 알코올중독자들에게 이 메시지를 전하려고 노력하며, 우리 생활의 모든 면에서도 이러한 원칙을 실천하려고 한다.

12단계에서 '신'이라는 개념은 '이 세상 모두를 다스리는 분'이며 동시에 '자기 내면에서 살아 계시는 신'이고 '참나'다. 어떤 사람은 신을 '외부의 어떤 힘'으로 부르기도 한다. 신이 지금 자신과 함께하신다는 믿음은 회복 중인 중독자에게 마음의 평화를 주고 용기를 갖게 한다.

NA는 AA를 마약 중독자에게 적용한 단약 모임이다. NA는 익명의 약물중독자(Narcotic Anonymous)로 마약류 중독자를 대상으로 하며 보통 일주일에 1회 정도의 모임을 갖는다. NA 모임 시간에는 NA 원리들을 함께 읽은 다음에 자신의 힘든 문제나 마약과 관련된 일들을 이야기한다. NA 자조 모임은 AA와 모든 면에서 유사하다.

AA나 NA 등의 자조 집단이 가지는 주요한 기능은 정보 공급, 지지, 다른 사람에게 도움 주기 등이다. 자조 집단을 통해 개인이 회복에 필요한 정보를 얻을 수 있으며, 서로 지지를 받고, 점차 다른 중독자에게 도움을 제공하게 된다(주일경, 2009).

AA와 NA 모임에서는 강제성이 없으며 자발적으로 이야기를 나눈다. 다른 사람의 발표에 대해 비평을 하기보다는 자기 고백적 표현을 하는 것이 자조 모임의 특징이다.

중독자는 AA 또는 NA 모임에 참여함으로써 중독의 원인과 회복의 기술을 배울 수 있다. 또 단주 생활의 어려움에 대하여 후원자나 동료로부터 지지와 공감을 받으면서 중요한 정보를 얻을 수 있다. 또한 과거에 자신과 비슷했던 사람이 회복한 것을 봄으로써 자신도 희망과 자신감이 생기고, 다른 사람에게 자기의 문제를 솔직하게 고백할 수 있는 용기를 얻게 된다. 다른 사람에게 자신의 중독 문제와 자신의 결점, 단점 등을 솔직하게 표현할수록 자기 문제가 정리되어 그런 문제들과 잘 이별할 수 있다.

자조 모임에서의 변화는 모임을 통해서 자기의 문제를 고백하는 것, 공감받는 것, 수용받는 것, 모델링하는 것, 지지 받는 것 등을 통하여 이루어진다. 상담을 받거나 신앙을 가지는 것, 지속적인 자기주시 등은 AA와 NA의 효과를 증진시킨다.

08
치료공동체

치료공동체란 무엇인가

치료공동체는 일정한 거주지 안에서 회복 중인 중독자와 전문가가 서로 힘을 합쳐 회복의 길로 나아가는 프로그램이다. 아프리카 속담에 '빨리 가고 싶으면 혼자 가고, 멀리 가고 싶으면 함께 가라.'는 말이 있다. 치료공동체 안에서는 모든 사람이 서로를 도우면서 회복을 위해 협력하는 구조를 갖고 있다.

치료공동체는 중독을 삶의 태도 문제로 보고 접근한다. 장기간의 공동체 생활을 통하여 대인 관계에서 일어나는 자기의 문제를 잘 인식하게 되고 다른 사람에게 자기 문제를 개방하고, 지지받음으로써 점차 삶의 태도가 달라지고 회복을 유지할 수 있다.

치료공동체는 일차적으로 행동 이론을 적용한다. 중독자가 좋은 습관을 새로 익힘으로써 마음가짐도 달라지고 회복을 잘 유지할 수 있다. 치료공동체에서는 대인 관계에 필요한 의사소통기술을 배우며 술이나 마약 없이도 즐겁게 살아갈 수 있는 방법을 찾아간다. 특히 명상 프로그램, 봉사, 신앙 체험 등을 통하여 새로운 즐거움을 경험하는 것이 회복에 도움이 된다.

일정 기간의 집중 과정을 수료한 후에도 본인이 원하는 경우, 사회 적응의 준비를 위해 공동체에 더 거주하면서 직업재활을 받을 수 있다.

한국적 치료공동체 모형

현재 우리나라 치료공동체는 대부분 나이, 학력, 변화에 대한 동기 등이 다양한 이질적 집단으로 구성되어 있어 영적이며 가족적인 특성을 강조하는 것이 우리 의식이나 일체감을 갖게 하여 치료 효과를 높일 수 있다. 한국적 치료공동체 모델은 우리나라 전통 가정의 장점을 활용하는 것이다. 우리나라 전통 가정에서와 같이 한 집에 살면서 회복을 안내하고 서로를 도와주며 배려하는 따뜻한 분위기가 치료공동체에서 풍겨야 한다. 부모나 형에게 하듯이 선임자나 나이 많은 분들을 대하고 자녀가 동생에게 하듯이 후임자나 자녀에게 대하는 것이다. 공동체 구성원끼리는 형제처럼 서로 도와주고 가르쳐 주며 따라가는 분위기를 가져야 한다.

시설장은 지혜로운 부모의 역할을 하고 선임자는 선임자답게 후임자의 모범이 되며 후임자는 후임자로서 선임자를 잘 따라가는 분위기가 되어야 한다. 시설장이나 선임자가 살아가는 모습이 다른 사람에게 감동을 줄 수 있도록 좋은 모델이 되어야 한다(김권일 2014). 무엇보다도 치료공동체에서 구성원들은 각자가 자기 문제를 철저하게 인식할 수 있도록 서로 도와주어야 한다. 또 의사소통에 어려움이 많은 사람을 대상으로 나 표현법 등의 대화 기술을 반복해서 가르쳐야 한다.

공동체 안에서 각자는 정해진 규칙을 잘 지키고 자기의 역할을 다하면서 영성적인 것에도 관심을 가져야 한다. 이런 경험이 갈망을 줄이고 사회에 잘 적응하는 데 많은 도움을 준다.

여성 알코올 치료공동체에서 리더는 마치 지혜롭고 포근한 어머니 같은 태도로 중독자를 대해야 한다. 구성원에게 관심을 가지면서도 적절한 거리를 유지해서 독립성을 갖도록 해야 한다. 그러나 여성 알코올 치료공동체에서는 여성들 간에 질투심이나 예민함 등의 문제가 있을 수 있으므로 이 점에 유의해야 한다.

신용문 목사가 창설한 '인천 소망의 집'에서처럼 가족이 모두 치료공동체 안에서 생활하면서 직업재활을 받는 것은 치료의 효과를 높인다. 그러나 이런 경우는 가족의 공동의존 문제를 조심해야 한다.

한국적 치료공동체에서는 영성을 강조하고 자연환경을 잘 활용하는 것도 도움이 된다. 자연과 함께하는 프로그램을 자주 가짐으로써 자연 속에서 자기를 성찰하고 새로운 취미 생활을 배우게 한다. 또 자기 몸부터 잘 보살피고 사랑하는 것으로 시작하여 자기와 남을 존중하며 배려하는 삶의 태도를 가져야 한다. 치료공동체 안에서 남과 잘 지내면서 술 없이도 기쁘고 행복한 삶을 살 수 있음을 체험하는 것이 회복에 도움이 된다. 치료공동체의 프로그램에서는 즐겁고 보람된 일을 많이 발견하고 체험할 수 있도록 해야 한다.

요약하면, 한국적 치료공동체에서는 다음과 같은 것에 초점을 둘 필요가 있다.

- 가족적 분위기를 활용한다.
- 중독자가 자기의 중독 문제를 철저하게 인식하도록 한다.
- 중독자가 술이나 마약 이외에 즐겁고 기쁜 일을 찾도록 도와준다.
- 의사소통기술을 가르쳐야 한다.

09
중독 상담자의 올바른 태도와 준비

태도와 준비

중독은 비각성 상태이기 때문에 상담자는 중독자가 자기를 분리 주시할 수 있는 역량을 키우는 데 초점을 두어야 한다. 따라서 상담자 자신이 먼저 자기를 분리주시하여 편안한 마음으로 중독자를 대할 수 있어야 한다. 상담자는 중독자를 대할 때 자기 내면에서 일어나는 마음을 잘 주시할 수 있어야 상황과 상대에 적절한 개입을 할 수 있다. 상담자는 중독자에 대한 자신의 기대와 중독자의 입장 간에는 차이가 있음을 알아차리고 중독자 나름대로 열심히 노력했다는 것에 감사하고 지지와 격려를 보내야 한다.

상담자는 중독자를 대할 때 수직 관계가 아닌 인간 대 인간으로 수평적 관계, 친구로서 대해야 한다. 상담자는 자기주시를 하면서 자신이 중독자보다 우위에 있다고 생각하여 무엇을 가르치고 지시하려고 하는지, 차별심이나 무시하려는 마음이 없는지를 살펴보아야 한다.

때가 되어야 꽃이 피고 열매가 익듯이 상담자는 중독자가 언젠가는 자기의 문제를 인식하고 변화할 수 있음을 믿고 기다릴 수 있어야한다. 상담자가 중독자를 존중하면서 편안하게 대하면 중독자가 자기의 문제를 잘 표현할 수 있다. 상담자는 자신이 할 수 있는 데까지최선을 다하면서도 그 결과에 연연하지 않아야 한다. 중독 상담자인문봉규 교수는 '상담자로서의 자신은 하느님의 도구로서의 역할을다할 뿐이다.'라고 하였다.

상담자는 신의 도구로서 자신이 활용될 수 있음에 기쁨을 가질 수있어야 식지 않는 열정으로 중독자를 만날 수 있다.

자기 자각

상담자가 스스로에 대해서 잘 이해하는 만큼 타인을 잘 이해할 수있으며, 상황에 맞는 적절한 반응을 할 수 있다.

상담자 자신이 상담을 받거나 마음챙김을 하여 자신이 가진 문제가 상담 과정에 부정적인 영향을 끼치지 않도록 주의해야 한다. 때로는 상담자의 역전이가 내담자에게 부정적인 영향을 미칠 수 있음을알고 자기의 핵심 감정이 무엇인지, 자기가 다른 사람과의 만남에서주로 어떤 욕구를 충족시키려고 하는지, 남들이 자기를 어떻게 대할때 주로 기분이 상하는지, 지금 중독자에게 어떤 기분이 드는지 등을명확하게 알아차리면 상황에 맞는 적절한 도움을 줄 수 있다. 특히상담자는 자신에게 있을 수 있는 공동의존 문제나 중독적 사고를 점검해 보아야 한다. 또 상담자는 중독자의 변화나 회복에 기여할 수 있는 자신의 장점이나 강점을 잘 알아보고 이를 적절하게 활용할 수 있어야 한다.

신체적 · 정신적 건강

상담자는 몸과 마음이 건강해야 한다. 상담자가 건강하지 않으면 쉽게 피로하며 마음의 여유가 없어지고 중독자에게 잘 집중하지 못하게 된다. 또한 상담자 자신의 해결되지 않는 문제가 있을 때도 중독자에게 집중하기가 어려워 제대로 도움을 주지 못한다.

신체 건강과 정신 건강을 유지하기 위해서 상담자는 자신의 몸과 마음을 지속적으로 분리주시해야 한다. 또 운동이나 요가를 꾸준히 하는 것도 도움이 된다. 요가는 몸의 이완을 통해 마음을 이완시키고 융통성을 가지게 하며 자신감을 높인다.

중독상담은 에너지가 많이 소비되는 일이다. 상담자는 충분한 수면과 휴식, 영양분을 섭취하여 건강을 잘 지켜 나가야 한다. 건강이 좋지 않을 때는 우선 건강 회복을 위해 노력해야 한다. 또 상담자 자신이 일중독에 빠지지 않도록 자기주시를 잘해야 한다. 상담자는 불필요한 곳에 에너지를 빼앗기지 않도록 총체적 상황에 맞게 자기를 잘 다스려 가야 한다.

정직성

상담자가 자기 모습을 있는 그대로 보고 받아들일 수 있으면 마음이 편안해진다. 상담자는 자신의 말과 행동이 일치되도록 노력하고 말에도 일관성이 있어야 한다. 또한 중독자와 한 약속은 반드시 지켜야 한다. 비록 중독자가 약속을 어기고 거짓말을 하더라도 조종당하지 않으면서도 자신은 약속을 잘 지켜 나가는 모습을 보여 주어야 한다. 중독은 자기를 속이는 병이기 때문에 중독자는 상담자의 정직한 태도를 보면서 자신도 정직해지려고 마음먹게 된다.

상담자가 상담 과정에서 실수할 수 있다. 이때 솔직하게 자신의 실수를 인정하며 받아들이는 태도를 보인다면 중독자가 편한 마음으로 자신을 노출할 수 있게 된다.

정확한 공감과 사랑

올바른 공감을 위하여 상담자는 자기주시를 잘해야 한다. 자기주시가 되지 않으면 억압된 자기 문제가 투사된 공감을 할 수 있다. 상담자는 중독자가 말하는 내용에서뿐만 아니라 중독자가 보여 주는 비언어적 태도에서 감정을 잘 읽을 수 있어야 한다. 몸짓이나 태도, 음성 등에서 그 사람의 마음이 드러난다.

상담자는 중독자를 온 마음으로 경청하며 감정을 정확하게 이해하고 이해한 바를 중독자가 잘 받아들일 수 있는 방법으로 표현해야 한다.

회복 중인 중독 상담자는 일반 상담자에 비하여 중독자의 입장을 더 잘 이해하기 때문에 공감 능력이 뛰어나고 중독자에 대한 애정이 많은 편이다. 그러나 회복 중인 상담자가 상담 공부를 게을리하면 자기가 회복한 경험만을 내세울 수 있다는 단점이 있다.

상담자가 중독자에게 지나치게 애착하고 공감하려는 것은 억압된 자기 문제나 공동의존과 관련될 수 있으며 중독자를 독립시키고 스스로를 존중하고 사랑하도록 하는 데 장애가 된다. 상담자는 중독자에 대한 관심과 애정을 가지되 적절한 거리를 유지해야 하며 필요한 때에는 냉정한 태도를 보여야 한다.

존중

상담자는 중독이라는 증상과 한 인간을 구분해서 보아야 한다. 회복 중인 중독자는 자신의 귀중한 '참나'를 잊어버리고 중독의 노예가 되어 살다가 이제 다시 '참나'를 찾아가는 수행 과정에 있는 사람이다.

상담자가 자신은 중독자와 다르고 더 우월하다는 차별 의식을 가지고 일방적으로 가르치려 하거나 지시하려는 태도는 중독자와의 관계 형성을 어렵게 하고 변화의 진전을 느리게 한다. 상담자는 지속적인 자기주시를 통하여 자기가 다른 사람과 다르다는 개념(상, 相)에 매이지 않도록 노력해야 한다. 상담자는 친구같이, 진실하고 존중하는 태도로 중독자를 대해야 한다.

또한 상담자는 약속 시간에 늦지 않도록 조심해야 하며, 시간이 늦거나 변경해야 할 때는 미리 상의하여 약속 시간을 잘 지켜야 한다.

상담자가 편안한 마음으로 눈높이를 맞추어 대할 때 중독자는 도움을 쉽게 받아들인다. 중독자의 눈에 상담자가 너무 모범적인 사람으로 보이기보다는 친구 같은 사람으로 보여야 중독자가 편안하게 자기의 감정을 잘 표현할 수 있다.

칭찬과 격려

중독자는 어린 시절부터 부모나 중요한 사람에게 인정받지 못하였다는 생각을 하고 있어 자기 자신을 낮게 평가하며 이를 감추기 위해 교만한 행동을 하거나 중독으로 도피하는 습관이 있다.

상담자는 중독자가 있는 그대로 귀중하고 소중한 존재라는 것을 인식하도록 도와주어야 한다. 중독자가 경험한 소중한 추억이나 사람, 귀중한 물건 등을 찾아보도록 함으로써 마음이 따뜻해지고 희망을 갖게 해야 한다. 상담자는 중독자의 힘든 마음을 잘 공감하여 위로해 주고 격려해야 한다.

회복자 중 한 분은 '회복 중에 의사 선생님의 칭찬과 위로가 큰 힘이 되었다. 지금 생각해 보니 그분의 칭찬을 받으러 다녔다. 칭찬과 위로 받는 것이 손꼽아 기다려지더라.'고 말하였다. 중독자는 상담자의 진실 어린 격려와 칭찬을 통하여 자존감이 높아지고 자신감을 갖게 되며 변화하려는 동기와 용기를 갖게 된다. 상담자는 중독자 스스로 '자신이 가치가 있는 존재이며 어떤 일에서는 유능하다.'는 표현을 자주 하도록 격려해야 한다.

인내와 용기

대부분의 중독자는 자신에게는 아무런 문제가 없다고 보며 상담에 거부적이다. 또 상담 장면에서 자기의 문제를 합리화하거나 가족이나 다른 사람의 탓으로 돌리는 등 부인과 합리화, 투사 등의 방어기제를 사용한다. 상담자는 다양한 방어기제를 사용하는 것이 중독자의 특성이라고 보고 편안한 마음으로 중독자를 대할 수 있어야 한다. 중독자가 상담에 거부적이며 비협조적이고 때로는 공격적인 태도를 보일 때에도 자기주시를 잘하면서 기다리고 인내할 수 있어야 한다.

상담자는 중독자 자신이 귀중한 존재라는 것을 알고 자신을 인정할 수 있도록 중독자를 존중하면서 믿고 기다려야 한다.

상담자는 회복 중인 중독자가 재발하면 중독자를 비난하거나 꾸짖기보다는 함께 있어 주고 힘든 점을 공감해 주어야 한다. 중독자가 재발을 통해서 귀중한 교훈을 얻고 더 강해질 수 있도록 희망과 용기를 주어야 한다.

영적 성숙

상담자가 영적으로 성숙되면 중독자를 더 효과적으로 도와줄 수 있다. 상담자가 자기를 분리주시하면서 솔직하게 자기의 감정을 표현할수록 중독자와의 관계 형성이 더 잘 되고 올바른 공감을 할 수 있다.

상담자는 자신이 중독자를 변화시키는 데는 무력하다는 것을 솔직히 인정하고, 신의 도구로서 자신이 할 수 있는 일을 다할 뿐이라는 편안한 마음으로 중독자를 대해야 한다.

상담자가 자기주시, 명상, 기도, 봉사, 체험 등을 통하여 영적으로 각성할수록 지금 만나는 중독자에게 중용적 사랑을 표현할 수 있다.

> 회복 중인 K씨는 십수 년 전 40여 일 동안 거의 매일 술을 마시다가 혼수상태에 빠져 세 번째 정신병원에 입원하게 되었다. 해독 치료를 하며 비참하고 고통스러웠던 어느 날 수간호사가 링거액을 교환하면서 K씨의 두 손을 꼭 잡고 '선생님, 얼마나 힘드시겠어요.'라고 말했다고 한다. K씨는 그때 그 목소리와 다정한 눈빛을 지금도 잊을 수 없다고 하였다. 그는 그 이후로 지금까지 단주를 계속하고 있다.

전문적 자질

상담자는 중독의 문제를 생물·심리·사회·영성이 통합된 관점에서 이해해야 한다. 중독에 관한 최신 이론을 배우고 연구해야 한다. 특히 AA 및 NA, 가족 모임 등에 자주 참석하거나 회복 중인 중독자를 만나 대화를 나누고 질문하여 중독과 중독자에 대하여 좀 더 배우고 경험하려는 자세를 가져야 한다.

상담자는 동기강화상담, 인지행동상담, 긍정심리상담, 정신분석적 상담, 영성적 접근, AA 및 NA의 12단계 등의 상담이론을 숙지하고 이를 상담 장면에서 적절하게 응용해 가면서 자기 나름대로의 이론적 체계를 구성해 가야 한다. 중독자의 특성과 중독자가 처한 상황, 그리고 상담자의 현실 등을 고려해 볼 때, 지금 이 사람에게는 어떤 개입을 하는 것이 가장 적절하고 효과적일까를 생각하고 상담해야 한다.

상담자의 자기치유

회복 중인 중독자들은 상담자를 만났을 때 상담자의 사무적이며 형식적인 태도와 피곤한 표정, 그리고 상투적인 말투로 인하여 '누가 누구를 상담한다는 말인가?' 하는 의문 섞인 불쾌감을 가진 적이 있다고 한다.

상담자는 안정되고 평온한 마음으로 중독자를 대할 수 있어야 한다. 상담자가 개인적 문제로 힘들 때는 마음챙김을 통하여 마음을 안정시킨 다음에 중독자를 만나는 것이 좋다. 상담자가 상담에서 어려움이 있을 때는 스승이나 동료에게 슈퍼비전을 받아야 한다. 중독은 영적 문제와 관련되므로 영적 스승에게 도움을 구할 필요가 있다.

상담자는 매일 일상에서 감사할 것을 찾아서 감사하는 연습을 해야 한다. 무엇보다도 신이 자신을 도구로 삼아 일을 하고 계심에 감사할 줄 알아야 한다.

상담자는 중독자에 대한 상담이 쉽지 않음을 알고 스스로를 격려하고 사랑해야 한다. 그러면서 중독자나 다른 사람이 하는 칭찬과 비난의 말에 쉽게 휘둘러서는 안 된다.

상담자의 지속적인 자기주시는 상담자와 중독자 간의 차별심을 없애고 공감을 잘하게 하여 상담의 효과를 높인다. 자기주시를 통하여 상담자는 상황과 상대에 맞는 중용적 태도를 취할 수 있다.

제3부
회복의 길을 걷다:
'마음챙김' 중심으로

10
회복이란 무엇인가

회복의 공식

중독자가 자기 문제를 올바로 인식하고 자기의 감정이나 갈망을 지속적으로 주시할 수 있어야 회복을 잘 유지할 수 있다.

중독자가 중독 행동을 지속하면 나중에는 지금보다도 더 비참하고 고통스러운 경험을 할 수밖에 없다는 것을 절실하게 인식하는 것과 중독 행동을 그만두었을 때는 지금보다도 더 즐거운 일과 이익이 많다는 것을 자각할 수 있어야 중독 행동을 그만둘 수 있다.

중독으로부터 회복의 초기에는 치료적 개입이 필요하다. 그러나 중독에서의 회복은 성인이 되어 가는 '참나'를 찾아가는 동양적 수행 과정과 같다. 회복 중인 중독자가 자기를 분리주시하고 조절해 가면서 무위의 상태로서 지금 처한 상황에 맞는 중용적 행동을 할 수 있어야 회복을 잘 유지할 수 있다.

회복의 과정

중독자는 다양한 과정을 밟으면서 회복한다. 어떤 사람은 자신이 현실의 고통을 피할 수 없는 바닥을 쳤다는 것을 자각하고, 살기 위하여 회복하려 한다. 중독자가 바닥을 쳤다는 의미는 주관적이고 감정적인 바닥을 의미하므로 개인마다 환경이나 상황이 다를 수 있다. 또 어떤 사람은 술이나 마약보다도 더 의미 있고 기쁨을 주는 것을 찾게 되거나 혹은 신의 음성을 듣는 등의 영적인 체험을 통해 회복하기도 한다.

참나 찾기

중독으로부터의 회복이란 단주나 단약의 상태나 혹은 중독되기 이전의 삶의 방식으로 되돌아 가는 것이 아니라 새로운 내가 되는 것이다. 회복은 '이기적이며 쾌락적이고 조건화된 나'에서 '참나'를 찾는 과정이며 불안하고 어두운 마음 상태에서 원래의 평온하며 맑은 마음 상태로 변하는 것이다.

중독으로부터 회복은 본래 자신이 가진 참된 생명력을 회복하는 것이다. 회복의 상태가 되면 끊임없이 요동치는 불안하고 산란했던 마음이 자연히 맑고 고요한 상태에 이르게 되어 내적·외적 자극에 덜 흔들리게 된다(김권일, 2014). 또한 회복은 외부의 무언가에 매달리고 집착하는 삶에서 자기가 자신의 주인공이 되어 자기를 통제하면

회복은 오르막과 내리막이 있는 산길을 걷는 것이다.
행여 넘어지더라도 다시 일어나 목표를 향해서 꾸준히 걸어가야 한다.

서 자유로움을 느끼는 것이다. 이를 위해서는 자기주시가 기본이다. 자기주시를 지속하면 주시하는 힘이 강해지면서 주시하는 나, 즉 '참나'가 주인공이 되기 때문에 과거의 힘이나 외부의 자극에 덜 휘둘리게 된다.

회복은 자기를 올바로 이해하고 사랑하는 과정이며 자기 마음속에 있는 귀중한 씨앗을 찾아서 아름답게 꽃피우는 과정이다. 중독자는 회복 과정을 통해 중독 이전보다 훨씬 성숙한 사람으로 주변 사람에게 좋은 향기를 내뿜는다.

회복의 요인

다음은 회복을 잘 유지하는 어느 50대 회복자와 면담한 내용이다. 사례에서 보듯이 회복이란 삶의 태도가 바뀌는 것이며 영적 성장을 의미한다.

어렸을 때 어머니가 병으로 돌아가신 후 새어머니가 들어 오셨다. 새어머니는 자기가 낳은 자식에게는 잘했으나 전처 자식들인 우리 남매에게는 별 관심이 없었다. 그런 새어머니에게 서운함을 많이 느꼈다. 돌아보면 어린 시절 때부터 외로움과 억울함이 많았다.
고등학교 때부터 친구들과 술을 조금씩 마시다가 재수하면서 술을 많이 마시기 시작하였고 대학교에서는 더 많이 마셨다. 술을 마실 때는 자유로움과 기분이 붕 뜨는 것을 느꼈다. 그러나 후유증이 더 많았다.

대학 졸업 후 대기업에 취업을 했다. 취업 후에도 술 문제는 계속되었다. 술을 많이 마셨으나 급하게 내리막길을 가지 않은 이유는 다른 사람과의 경쟁심이나 명예욕이 있었기 때문이다. 이런 자신의 특성이 술을 비교적 잘 절제하고 적게 먹도록 해 주었다. 회사에서 빨리 성공하고 돈을 벌고 싶었다. 내가 공부 안 하고 취업이 안 되었으면 술을 더 심하게 마시고 자신을 망가뜨렸을 것이다.

직장 생활을 하고 있던 30대 초반부터 남용이 시작되었다. 남용 단계에서 술 때문에 결근을 하였고, 성실하지 못하여 눈치가 보여서 자진 퇴사를 했다. 회사에서 나올 때는 '더러워서 이 회사가 나에게 맞지 않는다.'고 합리화하였다. 그리고 점점 더 작은 회사로 옮겨 갔다.

40대 중반까지 알코올중독이 서서히 진행되었다. 직장을 네 번 옮기고 개인 사업을 시작하였다. 사업을 하면서 특허도 따내고 확장도 하였지만, 곧 술 문제로 사업이 힘들게 되었다. 사업 초기에는 성공하려고 절제하다가 사업체의 틀이 잡히고부터 초심을 잊고 교만해져서 실패하게 되었다. 그때는 '직원을 잘 관리하지 못하여 실패했다.'고 생각했다. 내 자신의 술 문제를 잊어버리고 '무능한 직원 때문에 회사가 이렇게 되었다. 직원을 잘못 뽑았다. 그 놈들 때문에 다 망했다.'고 생각했다.

사실은 내가 술 문제가 있어 회사가 잘되지 않았는데, 당시는 내 문제를 보지 못하였다. 대학병원의 정신병동에 두 달 입원하는 것으로 시작해서 지금까지 세 번 입원했다. 병원에서도 다른 사람에게 인정받고 싶어 잘난척했다. 병원에 입원해서는 현실의 어려움으로부터 떠나 있으니 한편으로 마음이 편안해졌다. 술로 피했던 문제를 병원에서는 해결 안 해도 되니까 편안했다.

두 번째로 알코올 전문병원에서 두 달간 입원했으나 병에 대해 인식이 없는 채로 생활하였다.

병원에서 퇴원하고 10일 만에 만취되어 다시 병원에 입원했다. 날짜로 10일이지만 기억나는 것은 채 5분도 안 되었다. 술을 먹기 시작한 것과 구급차에 실려 온 것만 기억난다. 퇴원하자마자 소주를 마셨다. 옛날에는 약한 술인 막걸리를 주로 마셨는데, 독한 소주를 마셨다.

세 번째 병원에 입원하면서 꿈속에서 돌아가신 아버지를 보았다. 바짝 마른 아버지 모습이 보였다. 아버지는 술을 많이 마시지 못하였다. 나도 유전적으로 술이 몸에 받지 않아 많이 마시지 못하였으나 술에 취해 기분 좋은 상태를 유지하기 위하여 술의 양을 늘린 것이다.

신의 도움

세 번째 병원에서 퇴원 후 집 마루에서 십자가를 바라보다가 나도 모르게 꿇어앉으면서 눈을 감자 찬란한 빛이

쏟아지면서 메시지를 받았다 '이제야 알겠느냐?' 하는 소리가 들렸다. 하나의 위로의 말씀 같았다. 그 체험 후부터는 술에 대한 갈망이 사라졌다.

퇴원해서 AA에 참여하게 되었다. AA에서 알코올로부터 회복된 사람의 경험담을 듣고 희망을 갖게 되었다. 그때 현실을 수용하면서 누구의 도움이라도 받으려고 했다.

마음챙김

회복의 시작은 병원 생활에서 바닥을 친 것부터다. 내 자신이 술을 조절하지 못하는 사람이며, 별 볼일 없는 사람임을 받아들이게 되었다.

다음에 AA에서 희망을 찾고 마음챙김 명상을 통해서 자기를 성찰하고 조절하면서 사람 노릇을 하고 있다. 나를 관리하는 능력을 키우는 데에는 마음챙김이 절대적이다. 문제가 있을 때 마음챙김을 통해서 내 자신을 성찰하고 문제를 명료하게 보게 된다. 마음챙김은 단주를 떠나서 참된 인간이 되는 것이다. 결과적으로는 AA를 통한 신에 대한 의지와 마음챙김이 회복에 큰 도움이 되었다. 마음챙김은 자기 스스로가 술을 마시지 않고 자기 관리하는 능력을 키워 나가는 핵심 코드다.

회복을 시작할 때 딸이 '아빠가 알코올중독자'라는 말과 '아빠가 술 마시다 죽었다.'는 소리를 안 듣도록 하고 싶다고 했다. 그 후 인격적 성장을 위해 봉사를 하기 시작했다.

지금은 삶의 목표가 다르다. 이로운 사람, 신의 뜻을 알고 뜻대로 살아가고자 노력하는 사람이 되고자 한다.

그런 관점에서 보면 나 스스로 회복의 즐거움을 유지하지 않으면 안 된다. 지금은 마음챙김이 되어야 한다. 내가 중독되지 않았으면 마음챙김이 중요하다는 것을 생각하지 못했을 것이다. 아마도 다른 사람들처럼 돈 벌고 잘난 척하며 살았을 것이다. 마음챙김을 통하여 요즘은 내가 흐트러져 있지 않은가를 항상 살펴보게 된다.

중독이 된 것은 특별한 축복이다. 지금은 신이 지켜 줌을 느낀다. 자비의 하느님께서는 이래도 용서, 저래도 용서하시기 때문이다.

어느 회복자는 자신이 알코올 문제로 생명이 위독하여 병원에 입원하게 되었을 때, 의사 선생님으로부터 '앞으로 술을 마시면 곧 죽을 수 있다.'는 설명을 듣고서 '살기 위해서라도 술을 끊고 회복해야겠다.'고 결심하였다고 한다. 또 다른 회복자는 자식이 술을 끊고 평범한 인간으로 살아가기를 바라던 어머니가 갑작스럽게 돌아가시자, 한동안 만취 상태로 고통스러운 일상을 살아갔다. 어느 날 하느님에게 의탁하기로 결심하고, 술을 끊고 어려운 이웃에게 봉사하는 삶을 살아가기 위하여 AA에 참석하기로 하였다.

회복자 중 많은 분이 AA나 NA 등에서 앞서 나간 선배 회복자들의 가슴에 와 닿는 경험담이나 상담자의 애정 어린 공감과 지지에 의하여 희망을 갖고 단주나 단약을 결심하게 된다.

회복은 가족 간의 갈등이나 현실 문제로부터의 어려움을 회피하면서 문제를 다른 사람이나 환경 탓으로 돌리는 등의 삶의 태도를 그만두고, 현실의 자기 문제를 주시하고 자기 책임으로 받아들이는 등 삶의 태도가 바뀌는 것을 의미한다. 또 쾌락과 이익을 따라 움직이던 마음에서 타인을 이해하고 배려하는 영적 삶으로 변화하는 것을 말한다.

회복이란 이전과 똑같이 어려운 외적 상황이 있더라도 그것을 잘 주시하고 편안하게 받아들일 수 있는 삶, 유혹이나 좌절에 더 강한 탄력성, 정신적 성장을 이루는 것이다. 다음 [그림 10-1]과 같이 등산하는 사람이 산의 정상을 향해 갈 때 오르막과 내리막을 거쳐 가듯이 중독자 또한 재발과 실수의 과정을 통해서 회복의 길로 나아가는 것이다. 회복지에 도달하면, 이전에는 보지 못했던 삶의 아름다움을 보고, 가족의 소중함을 알고, 항상 감사하면서 타인을 배려하는 등의 영

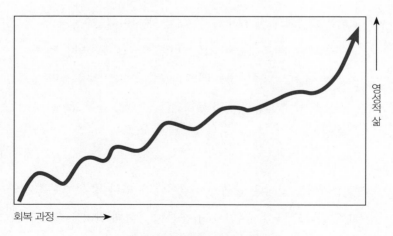

회복 과정 ⟶

영성적 삶

[그림 10-1] 중독자들의 회복 과정

성적 삶을 살아간다(김형석, 박상규, 2015).

알코올중독자가 회복하면 중독자를 둘러싼 현실의 환경은 이전보다 더 악화되어 있을 수도 있다. 중독자가 정신을 차려 현실을 보게 되면 술에 취해서 보이지 않았던 신체 질병, 가족의 문제, 경제적 어려움 등의 현실 문제가 드러난다. 예전에는 이런 문제가 연민을 일으키고 술을 마시는 이유가 되었지만, 지금은 자기의 현실을 그대로 받아들이면서 차분하게 문제를 해결하게 된다. 회피의 삶보다는 자기 주시와 수용의 삶을 사는 만큼 마음이 더 편해지고 강해진다.

단주나 단약이 회복의 목표가 되어서는 안 된다. 단주한 사람이 성격적 문제로 가족이나 다른 사람과 자주 부딪히는 등의 마른 주정 상태를 보이는 경우가 많다. 회복을 유지하기 위해서는 자신에 대한 정직한 성찰로 삶의 태도에 변화가 있어야 한다. 마약 중독으로부터 회복을 시작한 지 5년째 되는 어떤 회복자는 다음과 같이 말했다.

> 회복 초기에는 '한 번만 하자.' '조금 하면 어때.' 하는 등의 합리화하는 마음이 일어났다. 5년이 지난 지금은 약을 하고 싶은 갈망과 약을 했을 때의 비참함, 그리고 약을 하면, '지금까지 쌓아 놓은 게 다 무너진다.'는 생각 등이 교차하며 떠오른다.

회복 중이라도 갈망은 언제든지 일어날 수 있다. 회복할수록 갈망은 적게 일어나고 약해지지만 어느 순간에 강하게 밀려올 수도 있다. 그러나 회복이 오래될수록 갈망이 일어나더라도 쉽게 알아차릴 수 있고 수용하게 되어 갈망이 약해지고 곧 사라진다. 갈망이 일어날 때 주시하는 것을 놓치면 실수할 수 있다. 실수한 후에도 심호흡하고 분리주시하여 마음의 안정을 찾도록 해야 한다.

많은 중독자가 회복을 바라지만 회복을 유지하기 어려운 것은 지금까지 살아온 삶의 태도와 습관을 버리기가 어렵기 때문이다. 또한 강력한 강화물인 술이나 마약을 대체할 만한 무엇을 찾지 못했기 때문이다. 힘들수록 중독자는 자기의 마음을 알아차리면서 반드시 회복하겠다는 다짐과 말을 스스로에게 해야 한다. 자신이 살기 위해서, 더 심한 고통을 피하기 위해서, 가족의 행복을 위해서 혹은 신의 은혜를 갚기 위해서라도 회복하겠다는 간절함이 있을 때 회복이 가능하다.

중독자에게 흔히 일어나는 수치심도 그대로 알아차리고 받아들이면 마음이 안정되고 자존감이 증가된다.

회복 과정이란 자신과 타인, 세상에 대한 자기의 관점을 재검토하고 바꾸는 것이다. 자기가 무엇에 대하여 화가 나고 짜증이 났는지를 올바로 주시할 수 있으면 그것이 어린 시절부터 부모 등과의 관계에서 형성된 것이고 조건화된 것임을 이해하게 된다. 회복한 사람은 다른 사람으로부터 덜 인정받으려 하고 대인 관계에서도 좀 더 솔직한 모습을 보인다.

알코올이나 마약 중독으로부터 회복은 성격적 변화와 성숙이 따라야 하며 궁극적으로는 삶의 가치가 변화되고 질적 삶을 추구하는 장기적이면서 포괄적인 변화가 따르는 것이다(한인영, 우재희, 2011). 정신분석적 치료와 지속적 마음챙김, 그리고 영적 체험은 성격적 변화를 가능하게 한다.

11
어떻게 해야 회복이 되는가

회복의 건강 및 성숙모형

중독자가 회복을 잘 유지하기 위해서는 중독자의 삶의 태도가 좀 더 건강하고 성숙하게 변해야 한다. 중독으로부터 회복을 위한 건강 및 성숙모형은 중독자가 일상에서 깨어 있는 마음으로 자신의 행동을 조절하면서 현실에 잘 적응하기 위해 노력해야 함을 시사한다. 중독으로부터 회복을 하기 위해서는 총체적 변화가 따라야 하는데 무엇보다도 자기를 분리주시하는 것이 기본이 되어야 한다. 중독으로부터의 회복을 [그림 11-1]과 같이 신체·심리·사회생활 및 대인 관계·영성 요인 등으로 구체적으로 나누어 설명할 수 있다.

신체적 요인에서는 자기 몸 돌보기가 중요하다. 심리적 요인에는 중독 문제 인식하기, 변화에 대한 희망과 동기 갖기, 성찰하기, 올바른 생각하기, 선택과 책임 다하기 등이다. 사회생활 및 대인 관계에서는 새로운 습관 형성하기, 새로운 즐거움 찾기, 회복 및 성장과 관련된 공부하기, AA·NA 모임에 참여하기, 먼저 회복한 분들에게 도움받기, 회복의 메시지 전달하기, 경제적으로 독립하기 등이다. 영성적 요인에는 자기주시와 수용하기, 영적 성장과 체험하기, 삶의 목표와 의미 찾기, 감사하기 등이 있다.

[그림 11-1] 회복의 주요 요인들

신 체

자기 몸 돌보기

오랜 기간 알코올이나 마약류를 사용한 회복자는 신체 건강이 좋지 않으며 여러 질병을 가지고 있는 경우가 많다. 회복 중인 중독자가 신체 건강이 나빠지면 마음의 여유가 없고 좌절감을 갖게 되어 재발의 위험성이 높아진다. 회복을 위해서는 우선 자기 몸의 상태가 어떤지를 잘 살펴보고 건강하게 관리해야 한다. 신체 질병이 있으면 병원에서 빨리 치료 받아야 한다.

잘 회복하기 위해서는 영양분이 풍부하고 위생적이며 정성이 담긴 음식을 골고루 먹어야 한다. 또한 충분히 잠을 잘 수 있어야 한다. 수면이 부족하면 면역 기능이 저하되고 질병이 잘 치료되지 않고 예민해진다. 잠들기 전에 커피와 같은 자극적인 음식이나 음료수를 피하고 이완 운동이나 명상을 하는 것이 숙면에 도움이 된다. 규칙적인 운동도 회복에 필수적이다. 그러나 회복 중인 중독자는 신체 상태가 아직 좋지 않을 수 있으므로 자기 몸에 맞는 운동을 적절하게 해야 한다.

회복 중인 중독자가 자기 몸을 잘 돌보고 건강해야 마음의 여유를 갖고 가족이나 다른 사람과의 관계도 좋아지고 주어진 역할을 잘할 수 있다.

심 리

중독 문제 인식하기

중독은 자기 부정이나 자기기만의 병이다. 중독으로부터 회복하기 위해서는 무엇보다도 자신이 중독되었다는 사실을 인정해야 하며 자기 혼자의 힘으로는 중독으로부터 벗어나기 어렵다는 것을 자각해야 한다. 상담자는 중독자가 편안한 마음으로 자기 문제를 잘 인식할 수 있도록 도와주어야 한다.

알코올중독으로부터 회복하기 시작하면서, 과거 자신이 고통이나 불안을 피하기 위하여 술에 의존하였다는 것을 알게 되며, 중독이 되고부터는 술 없이 살 수 없게 된 것을 성찰하게 된다. 또 자신이 술을 마시기 위하여 합리화나 부정, 투사 등의 방어기제를 사용하면서 자신을 속여 왔음을 인정하게 된다. 대부분의 알코올중독자는 AA 모임에 참석하거나 병원 입원, 상담 등을 통해서 자신의 문제를 인식하기 시작한다.

변화에 대한 희망과 동기 갖기

자신이 변화하겠다는 강한 동기와 희망을 가져야 회복이 시작된다. 오늘 하루 자신이 술이나 마약을 하지 않았다면 내일도 술이나 마약을 하지 않을 수 있음을 믿고 자신감을 가져야 한다.

회복 중인 중독자가 자신이 정말 무엇을 바라고 원하는 것인지를 알게 되면 변화에 대한 동기를 갖게 된다. 자신의 장점이나 강점, 회복을 위해 노력한 점, 성취한 것 등을 찾아보면서 변화에 대한 자신감을 가져야 한다.

● 행복의 장애물로서 중독의 인식

50대의 K씨는 가족의 행복에 가장 걸림돌이 된 것이 자신의 중독 문제였던 것을 너무 늦게 깨우쳤다고 했다. 지금이라도 알아차리고 살아가게 된 것이 신의 은총이라고 하였다. 이전에는 남의 탓을 많이 하고 자신이 잘못했다는 것을 알아차리지 못하였다고 한다.

중독자가 회복하여 가족과 행복하게 살기 위해서는 자신의 행복에 장애가 되는 것들이 무엇인지를 살펴볼 수 있어야 한다. 그동안 사용했던 알코올이나 마약은 신체 건강을 나쁘게 하였고 목숨마저 위태롭게 했으며 가족과 지낼 수 있는 귀중한 시간을 빼앗아 버렸다는 것을 알아야 한다. 중독자가 가족과 함께 행복하게 살기 위해서는 지금 당장 단주나 단약을 해야 함을 깨닫고 회복을 다짐해야 한다.

● 희망

중독자는 자신의 앞날에는 희망이 없다고 생각하기 때문에 중독이 나쁘다는 것을 알면서도 변화에 대한 동기를 가지지 못한다. '쥐구멍에도 볕 들 날이 있다.'고 한다. 지금의 처지가 힘들고 막연하더라도 결코 희망과 용기를 잃어서는 안 된다. 힘들 때일수록 자신이 회복하여 가족과 잘 사는 모습을 자주 그려 보고 다짐하면서 스스로를 격려해야 한다. 또한 회복을 잘 유지하고 있는 사람을 만나서 자주 대화를 나누는 것도 희망과 자신감을 갖게 한다.

지금껏 살아오면서 실수도 많이 했지만 그때마다 다시 마음을 잡고 재기할 수 있었던 자신의 과거 성취 경험을 자주 생각하는 것 또한 용기와 희망을 가지게 한다. 살아오면서 어려움을 잘 극복하고 무엇인가를 성취한 경험이 있는 사람은 당장 힘들더라도 언젠가는 회복할 수 있다는 믿음이 강하다. 예컨대, '바닥을 쳤으니 이제 올라갈 일만 남았다.'는 희망적인 태도가 무엇보다 중요하다.

성찰하기

회복 중인 P씨는 '우리에게 시간은, 과거에 술 마실 때는 후회하는 데 쓰였고 회복 중인 지금은 성찰하기 위해 쓴다.'고 하였다.

술이나 마약을 할 때 경험한 강렬한 쾌감의 기억은 중독 행동을 다시금 유도한다. 그럼에도 중독자가 변화하지 않으면 결국 죽음에 이르게 된다는 것을 알기 때문에, 중독자는 변화해야 한다는 것을 성찰하게 된다.

마약류 중독자가 상담자를 만나더라도 처음에는 마약을 하고 싶은 욕망은 여전하다. 그러나 차츰 마약을 하려는 욕망이 줄어들고 변화하려는 동기가 더 강해지는 자신을 볼 수 있다. 회복 중인 중독자는 자신의 양가감정을 잘 볼 수 있어야 한다.

대부분의 중독자가 회복 초기에는 수치심과 불안, 그리고 알코올이나 마약에 대한 갈망 등으로 자기를 정직하게 보지 못한다. 그러나 상담자나 후원자의 도움으로 차츰 자기를 성찰할 수 있다. AA 및 NA에 참석하는 것, 심리상담을 받는 것, 일기를 쓰는 것, 마음챙김을 하는 것 등은 자기성찰에 도움이 된다.

중독자는 과거 자신의 어떤 경험이 지금 자기의 성격을 형성하는 데 영향을 미쳤는지, 자기의 성격 문제가 지금 대인 관계에서 어떻게 반복되고 있는지, 자신의 성격이 중독과 어떤 관련이 있는지, 앞으로 중독 생활을 계속하면 자신이 어떻게 될 것인지 등에 대하여 스스로 질문하고 대답하는 과정을 통해서 자기를 더 잘 이해하게 된다.

자기성찰을 하면 자신의 현재 모습을 바로 볼 수 있어 자기 내면의 불안과 열등감, 수치심 등이 잘 보이게 된다. 또한 부정적인 자기 모습을 보기 싫어서 술이나 마약으로 도피하였다는 것도 알게 된다.

자기를 성찰하고 성찰한 내용을 누군가에게 말하거나 글로 쓰면 마음이 정리되고 맑아지게 되어 자기 안에 있는 귀중한 보석을 잘 보게 되면서 회복에 자신감을 갖는다.

올바른 생각하기

중독자는 지금 자기가 어떤 생각을 하는지를 주시하고 그 생각이 과연 올바른 생각인지 그 생각이 자기와 타인에게도 도움이 되는 생각인지를 성찰해야 한다. 무엇을 결정할 때도 종합적이며 장기적인 관점에서 보고 결정하는 것이 실수를 줄인다. 이 상황에서 지금 자기가 하는 생각이 과연 회복에 도움이 되는 것인지를 세 번 이상 생각해 보는 것도 좋은 방법이다. 중독자가 과거에 알코올이나 마약에 대한 생각이 일어났을 때 그 생각대로 따라가면 마지막에는 그 결과가 어떠했는지를 성찰하는 방법도 지금 올바른 생각을 하는 데 도움이 된다.

사람을 만날 때도 심호흡을 하고 자기주시를 한 다음에 상대의 입장을 생각해 보고, 이 사람이 지금 무엇을 바라고 있을까, 지금 이 사람에게 가장 필요한 것이 무엇일까를 생각하는 것이 대인 관계를 좋게 한다.

오랜 중독 생활은 현실을 왜곡해서 보게 한다. 회복 중인 중독자가 어떤 상황에서 무엇을 쉽게 결정하기 어려운 경우에는 잠시 심호흡을 한 다음에 가족이나 먼저 회복한 사람이라면 이 상황에서 어떻게 결정하고 생각할 것인지를 미루어 보는 것도 올바른 결정을 하는 데 도움이 된다.

올바른 생각이란 지금 이 상황과 상대, 자신에게 가장 알맞은 중용적 사고다. 올바른 사고를 하는 데 도움되는 방법은 지속적인 자기주시, 지난 일에 대한 반성, 먼저 회복한 사람들과 대화하는 것, 명상하는 것, 성경과 불경 등을 자주 읽는 것, 영적 스승과 대화하는 것 등이다.

선택과 책임 다하기

회복자 O씨는 '중독도 매 순간 선택했듯이 회복 또한 선택이며, 이는 곧 자신의 변화를 통한 자기 인생의 책임을 다하기를 선택한 것이다.'라고 하였다.

어떤 상황에서 어떤 행동을 선택하느냐 하는 것은 자신에게 달려 있다. 아무리 절박한 상황에서도 웃음을 선택할 수 있고 희망을 찾을 수 있다. 누가 무슨 말을 하든 간에, 어떤 행동을 하든 간에 그것에 어떻게 반응할지는 자신에게 달려 있다. 상황이 어떠하든지 간에 그 상황에 어떻게 반응하는가는 전적으로 본인의 선택이며 따라서 그 결과에 대한 책임도 본인에게 있다.

어떤 여성이 술집에 취직하여 술집 주인으로부터 마약을 소개받아 마약중독자가 된 사례가 있다. 이 여성이 중독에 빠지게 된 것은 다른 사람의 책임도 있다. 그러나 이 여성이 지금 회복의 길로 가느냐 혹은 포기하느냐 하는 것은 오직 자신의 선택에 달려 있다. 자기를 회복하게 하는 것도, 자기를 행복하게 하는 것도 자기의 선택이며 책임이다.

다른 사람이 변하면, 상황이 달라지면 등등의 변명보다는 지금 자신의 행복을 위하여 무엇을 선택해야 한다. 스트레스나 갈등, 분노, 외로움을 느끼기 때문에 술을 마시고 마약을 하는 것이 아니라 그런 감정을 회피하는 방법으로 또는 그것을 핑계로 삼아 자신이 술이나 마약을 했다는 것을 솔직히 인정할 때 자신의 행동에 따른 책임도 질 수 있다.

알코올중독뿐만 아니라 환청과 같은 정신과적 증상에 반응하는 것도 결국 자신의 선택이다. 환청으로 힘들어 하는 어떤 알코올중독자는 상담을 받으면서 '이제 환청이 들리더라도 그것을 무시하기로 마음먹고 환청이 들릴 때 생각을 다른 곳에 집중하기로 하였다.'고 한다. 그 후 환청의 빈도가 점차 줄어들고 환청의 강도도 약해지기 시작했다고 한다.

어떤 알코올중독자는 자신이 무엇 때문에, 누구 때문에 술을 마시게 되었다는 이야기를 하는데, 이는 자신이 술을 마시는 것이 이익이 된다고 생각하여 술을 마시기로 선택한 것이다. 그러나 중독자는 책임을 남이나 주변 환경 탓으로 돌린다. 알코올중독자는 화가 나니까 당연히 술을 마셔도 된다고 생각한다.

자신이 아무런 선택을 하지 않았고 피했다 하더라도 다른 사람이 선택해 주기를 바라며 선택을 미룬 것도 자기 책임이다. 자신이 아무런 선택을 하지 않은 것은 선택하지 않기로 자신이 선택한 것이다. 따라서 이에 대한 책임은 전적으로 자기에게 있다. 무엇이든 자기가 선택하고 그에 대한 책임을 자기가 질 때 자존감은 높아진다.

인간은 생존의 욕구, 소속의 욕구, 애정 및 사랑의 욕구, 즐거움의 욕구, 힘의 욕구 등이 있으며 개인은 이러한 욕구를 충족하기 위해서 선택하는데, 개인에 따라서는 선호하는 욕구나 욕구 정도가 다르다. 중독자는 자신의 욕구를 현실에 맞게, 적절하게 충족시키지 못하는 특성이 있다. 따라서 회복하기 위해서는 다음과 같은 사항을 살필 수 있어야 한다.

첫째, 자신이 정말 원하는 것이 무엇인지를 알아본다.

둘째, 자신은 지금 어떤 행동을 하고 있는가를 알아본다.

셋째, 지금 자신이 하는 행동이 원하는 것을 충족시키는 데 도움이 되는지를 평가한다.

넷째, 평가하여 자신의 행동이 원하는 것을 충족시키는 데 효과적

이지 않다면 구체적 계획을 세운다. 계획은 단순하며 자기로
부터 시작해야 한다.

어떤 마약중독자가 '회복하여 가족과 함께 행복하게 살아가는 것'
을 가장 원한다고 가정하자. 그러나 지금 이 중독자는 마약을 계속하
고 있다. 중독자는 자신이 바라는 가정의 행복과 마약을 하는 자신의
행동 간의 불일치를 알고 자신이 가족과 행복하게 지내기 위해서는
'지금부터 마약을 하지 않고 직업을 가져야 한다.'는 생각을 가지게
된다. 생각이 바뀌고 변화에 대한 동기가 생기면 앞으로 마약을 하는
사람들과 어울리지 않고, 직업을 구하겠다는 등의 구체적 계획을 세
울 수 있다.

회복 중인 중독자는 어떤 문제가 있을 때 심호흡을 통하여 마음을
안정시킨 다음에 총체적 관점에서 보고 올바른 선택을 해야 한다. 지
금 당장 쾌감을 주고 이익을 주는 측면에서 선택하기보다는 장기적
이며 전체적 측면에서 살펴볼 수 있어야 한다.

무엇을 선택하거나 결정하기 전에 되도록 많은 정보를 수집해야
한다. 회복에 도움이 되는 책이나 회복한 선배의 조언 혹은 관련 분
야 전문가의 의견 등을 참조하고 종합한 다음에 선택하는 것이 좋다.
모든 행동의 궁극적인 책임은 본인에게 있음을 자각하고 총체적 상
황에 맞게 선택해야 한다.

사회 생활 및 대인 관계

AA, NA 모임에 참여하기

AA나 NA의 참석은 회복에 매우 중요한 요인이 된다. 회복 중인 중독자가 AA나 NA 모임에 참석하여 다른 사람이 회복하는 것을 보면 자신감과 희망을 갖게 된다. 과거 자신과 처지가 비슷한 사람이었는데, 지금은 직장 생활을 잘하고 있는 것을 가까이서 보게 되면 자신감이 생기고 변화에 대한 동기가 일어난다. 모임에 참석하여 다른 사람으로부터 지지와 격려, 공감을 받음으로써 마음이 안정되고 소속감을 갖게 된다. 자조 모임은 회복에 필요한 중요한 정보와 기술을 제공하여 회복에 도움을 준다.

어떤 자조 모임의 경우, 집단 분위기나 전해 주는 메시지가 자기에게 맞지 않고 도움이 안 되는 경우도 있다. 그런 경우에는 자기의 단주나 단약에 도움이 되면서 영적 성장이 되는 다른 자조 모임으로 옮기는 것이 좋다.

먼저 회복한 분들에게 도움 받기

회복을 잘 유지하기 위해서는 먼저 회복한 분들에게 자주 도움을 청할 수 있어야 한다. 믿을 수 있는 분들에게 자주 연락하거나 만나서 도움을 청하는 것이 좋다. 먼저 회복한 분들은 회복 중인 중독자의 어려움을 잘 알고 공감하기 때문에 정서적으로 힘이 된다. 또한

회복은 서로의 다리가 되어 가면서 함께 건너가는 것이다.

갈망에 대한 대처나 재발의 위험 상황에 대한 적절한 해결책이나 회복에 필요한 여러 가지 기술을 가르쳐 준다(김한오, 2015). 병원이나 상담소, 복지관 등에서는 회복 중인 중독자를 도와줄 후원자를 선정해서 도움을 받도록 연계하는 것이 좋다.

회복의 메시지 전달하기

> 회복자 Y씨는 '다른 중독자를 도와주는 것은 자신을 도와주는 것'이라고 하였다. 그 이유는 '남을 도와주는 것이 자신이 중독자라는 사실과 회복 중이라는 사실을 잊지 않게 해 주기 때문'이라고 말했다.

다른 사람이 잘 회복할 수 있도록 돕는 것이 결국 자기를 돕는 것이다. 다른 사람의 회복을 도와주면서 다른 사람의 모습에서 자기를 보게 되어 자기를 더 이해하게 된다.

자기 또한 여러 사람에게 도움을 받고 회복하였듯이 다른 사람을 돕게 되면 그 속에서 보람과 즐거움을 느낄 수 있다. 회복자가 다른 사람에게 봉사를 하면서 즐거움과 보람을 경험할수록 중독 대상과 멀어지게 된다. 또한 봉사는 자기중심적 성향이 강한 중독자가 타인에게 관심을 가지고 배려하는 것을 체험할 수 있어 대인 관계를 좋게 하면서도 삶의 의미를 가지게 하는 등으로 회복에 도움을 준다.

회복의 선물을 다른 사람에게 나누어 줄수록 자신은 더 풍요로워진다. 그러나 과도한 도움은 상대의 자립을 방해하기 때문에 누군가 도움을 요청했을 때 적정선까지만 도와주어 스스로 독립할 수 있게 해야 한다. 또한 남을 도와주었다는 생각에 빠져 자만심이나 교만에 빠지는 것은 재발의 위험성을 높이므로 이 점도 유의해야 한다.

새로운 습관 형성하기

삶은 습관의 반복이다. 회복 중인 중독자는 중독으로부터 벗어나려고 하지만 중독 때 가졌던 습관이 일상에서 자주 드러나면서 회복의 길에 장애가 된다. 회복을 위해서는 일시적으로는 쾌감을 주지만 장기적으로 자기를 불행하게 만들었던 패배적이며 중독적인 삶의 습관을 버리고, 새로운 습관을 가져야 한다. 자기중심적으로 생각하고 말하는 대신에 가족이나 다른 사람의 입장을 생각하여 말하기, 규칙적인 생활하기, 약속 지키기, 남을 도와주는 행동하기 등의 생활 습관을 가져야 한다.

마치 자신이 회복에 성공한 사람, 바라는 바를 이룬 사람처럼 자신 있게 말하고 행동하는 것도 회복에 도움이 된다. 성공한 사람처럼 말하고 행동하는 것을 반복하면 마침내 마음가짐도 달라지고 성공할 가능성이 높다. 행동이나 태도를 바꿈으로써 사람의 생각이나 마음가짐이 달라진다.

거울을 자주 보면서 자신의 표정을 살펴보고 좀 더 자주 웃고 일부러라도 밝은 표정을 짓는 연습을 하는 것이 좋다. 특히 앉을 때나 걸어갈 때 척추를 똑바로 세우는 것을 의식하여 자세를 바로잡는 것이 좋다. 걸어갈 때는 가슴을 펴고 힘차고 당당하게 걷는 연습을 하는 것이 자신감 있는 태도를 갖게 한다.

회복의 삶을 살기 위한 기본 습관은 규칙적인 생활과 운동이다. 정해진 시간에 일하고 운동하는 습관을 가져야 한다.

자신이 하지 않아야 할 일들의 목록을 적고 지켜 나가는 것도 좋다. 이를테면 술집 근처에 가지 않는다든가, 또 마약을 하는 친구와 더 이상 연락을 하지 않겠다고 선언하고 지켜 나가는 것 등이다. 마약중독자는 마약을 하는 사람과 만나는 것은 피해야 하고 회복에 도움을 주는 사람들을 자주 만나는 습관을 가져야 한다.

가족이나 동료 등 대인 관계에서도 상대의 입장에서 생각하면서 경청하고 공감하려는 노력이 있어야 한다. 자기와 상대가 의견이 다를 때는 의견의 차이를 인정하고 그 사람의 입장을 고려해서 새로운 합의점을 찾는 것이 좋다.

중요한 것은 회복을 위해서 지금 할 수 있는 일부터 실천해야 한다. 자신이 할 수 있는 일 중에서 중요하고 긴급한 일부터 시작하는 것이 좋다. 이는 자신에 대한 것, 가족에 대한 것, 타인에 대한 것, 사회에 대한 것 등으로 분류할 수 있다.

새로운 즐거움 찾기

기분 좋으면서 몰입할 수 있는 건전한 취미 생활이나 일이 있으면 굳이 알코올이나 마약에 의존하지 않을 수 있다. 중독자는 오랜 기간의 중독 생활로 자신이 진정으로 좋아하는 것이 무엇인지를 잘 모르는 수가 있다. 그러나 시간을 두고 생각해 보면 과거에 좋아했던 취미 생활이나 즐거웠던 경험이 떠오를 수 있으며 또는 하고 싶었던 일이 생각날 수 있다.

화초 가꾸기, 텃밭 가꾸기, 애완동물 키우기, 독서하기, 영화감상하기, 음악감상하기, 가족과 함께 외출하거나 외식하기, 여행가기, 등산하기, 운동하기, 요리하기, 그림 그리기, 연주하기, 명상하기 등에서 즐거움을 느낄 수 있다. 회복된 사람들의 많은 사례에서는 신앙, 명상, 가족에 대한 사랑, 봉사 등이 알코올이나 마약을 대치할 수 있는 즐거움과 기쁨을 주는 것으로 나타났다.

회복을 위해서는 자신뿐만 아니라 가족이나 다른 사람을 즐겁게 할 수 있는 일들을 찾아보고 실천해 보는 것도 좋다. 가족이나 다른 사람의 행복에 도움이 되는 것을 찾아 하루 세 가지 이상 실천하게 되면 기분이 좋아지고 삶의 보람을 느끼며 행복감이 높아진다. 아침에 일어나서 오늘 하루 자신과 타인을 기쁘게 할 수 있는 일들을 계획하는 것, 하루의 일과를 마치고 잠들기 전에 오늘 하루 즐겁고 보람된 일들을 되새겨 보는 것 등은 마음을 평온하게 하며, 회복을 잘 유지하게 한다.

회복 및 성장과 관련된 공부하기

회복에 도움이 되는 프로그램을 받거나 책을 읽음으로써 회복의 어려움을 잘 이겨 나갈 수 있고 회복의 기술을 배울 수 있다(김한오, 2015).

회복한 사람들의 수기, AA 12단계, 회복 관련 치료 서적, 기독교,

불교 등 영적 서적 등을 자주 읽는 것은 회복에 많은 도움이 된다.

경제적으로 독립하기

중독자는 정서적으로 독립해야 할 뿐 아니라 경제적으로도 자립해야 한다. 직업을 가지고 경제적 문제가 해결되는 것은 삶에 의욕을 갖게 하며 회복에 도움을 준다. 경제적 독립이 되지 않으면 불안하고 조급해지며 타인에게 예민해지고 위축되어 회복에 걸림돌이 된다.

회복 중인 중독자는 자신의 능력에 맞고 재발의 위험성이 적은 환경에서 일하는 것이 좋다. 회복 중인 중독자가 다른 사람에게 경제적으로 의존하지 않고 스스로 자기 역할을 잘하면서 돈을 관리하는 능력이 좋아지면 자존감이 높아지고, 대인 관계나 삶의 질이 나아지는 등 삶의 모든 면에서 긍정적인 변화가 일어난다.

영 성

자기주시와 수용하기

● 자기주시

자기의 감정이나 갈망 그리고 생각 및 행동에 대하여 끊임없이 자기주시를 해야 한다. 특히 회복 과정에서 외로움이나 포기하고 싶은 마음이 일어날 때는 인내하고 주시하면서 그 마음을 수용하고 다시금 용기를 내야 한다.

● 자기수용

누구나 자신의 문제를 있는 그대로 정확하게 보고 수용할 수 있어야만 변화가 가능하다. 자기주시는 지금 여기서 자기의 마음을 더 명료하게 알아차리게 하여 자기를 있는 그대로 수용하게 한다. 자기의 문제를 정확하게 보고 수용할수록 다른 사람을 그 사람의 입장에서 더 잘 이해하고 수용할 수 있다.

많은 중독자가 스스로를 존재 가치가 없다고 생각하거나 수치스럽게 여기기 때문에 자기의 문제를 수용하지 못하고 부정한다. 다른 사람의 인정을 받기 위하여 자기주장을 제대로 하지 못하고, 다른 사람이 자기를 무시하는 말이나 행동을 한다고 기분 나빠하며, 작은 실수라도 하면 실의에 빠지게 된다. 자기의 문제나 처해진 현실을 회피하지 않고 있는 그대로 인정하고 받아들일 수 있어야 변화가 시작된다. 회복은 자신의 고통을 직면하고 수용하면서 변화하고 성장하는 것이다.

● 타인과 신의 도움에 대한 수용

타인의 도움에 대한 수용은 중독자가 자기의 문제를 있는 그대로 인정하고 수용해야 가능하다. 중독자가 자신의 힘만으로는 회복이 어렵다는 것을 알고 타인과 신의 도움이 필요하다는 것을 인정하고 도움을 수용해야 한다. AA나 NA의 도움, 상담자의 도움, 신으로부터의 도움을 수용할 수 있어야 재발하지 않고 회복을 잘 유지할 수 있다.

영적 성장과 체험하기

중독 상담자로 활동 중인 회복자 P씨는 '회복 유지에 있어 영성적 삶이 절대적이다.'라고 하였다. 그 이유는 자신을 사랑하고 다른 사람을 사랑하는 법을 배우게 됨으로써 자기 삶의 의미를 갖게 되고 자존감이 향상되어 술이 필요 없는 삶을 살아갈 수 있기 때문이라 하였다.

지속적인 자기주시는 영적 성장에 도움을 준다. 또 신의 사랑을 체험한 경험은 일상에서 회복을 잘 유지하는 데 큰 힘이 된다. 신에 대한 믿음, 용서, 겸손 등 영성적 삶을 실천하는 것은 재발을 예방하고 회복을 잘 유지하게 한다. 신에 대한 믿음은 자기중심적이고 교만한 마음으로부터 벗어날 수 있게 한다. 회복 중인 중독자가 자기가 자신에게 잘못한 점과 다른 사람이 자신에게 잘못한 점 등을 용서할 수 있어야 과거가 아닌 현재를 가벼운 마음으로 살아갈 수 있다. 또 살아가면서 다른 사람에게 잘못한 점들을 찾아 보속하는 삶을 사는 것이 마음을 안정되게 하며 지금 여기에 에너지를 집중할 수 있게 한다.

겸손은 과거의 자신을 알아차림으로써 일어난다. 과거의 실수와 잘못을 되돌아보고 주저앉아 버리는 것이 아니라 그런 경험을 귀중하게 생각하여 깨어 있는 마음으로 앞으로 나아가는 것이다.

회복 과정에서 영성의 중요성에 대해서는 13장 '영성과 회복'에서 보다 상세하게 설명하고자 한다.

삶의 목표와 의미 갖기

회복은 쾌락 위주의 삶, 이기심 위주의 삶에서 의미와 목적을 찾는 삶으로 바뀌는 것이다. 자신이 반드시 회복해야 하는 이유나 죽지 않고 살아야 하는 이유가 있을 때 회복을 잘 유지할 수 있다. 회복 중인 중독자는 자신의 삶의 의미와 목적이 무엇인지 스스로에게 묻고 답하는 시간을 자주 가져야 한다. 중독자가 앞으로 남은 자기의 인생을 어떻게 살아가는 것이 의미가 있고 보람이 있는가를 생각해 보는 것은 회복에 대한 동기를 갖게 한다.

감사하기

'감사하는 마음'을 자주 갖는 것은 회복에 큰 도움이 된다. 매사에 감사하는 삶을 살면 중독에 대한 갈망이 줄어든다. '어떤 처지에서든지 감사하라.'라는 바울의 말씀대로 지금 자기의 처지가 힘들더라도 감사할 수 있어야 마음이 평화롭고 행복해진다.

먼저 중독으로부터 회복된 자신에 대해 감사할 일이다. 회복되지 않았더라면 이미 자신이 죽었을 수도 있었는데, 지금 가족과 함께 잘 살고 있음에 감사할 일이다. 자신의 회복에 도움을 준 수많은 사람과 신에게 감사를 드려야 한다. 감사의 에너지는 자신뿐만 아니라 주변 사람을 더 행복하게 하며 재발을 예방한다.

맑은 정신으로 세상을 살아가면서 삶의 기쁨과 보람을 함께 느낄 수 있음에 감사하는 것은 가족과 이웃을 사랑할 수 있는 에너지를 얻는 것이다. 회복을 위해서는 고통 중에서도 감사할 수 있는 힘을 가져야 한다. 고통을 통하여 자신의 깊은 내면을 성찰할 수 있게 되어 자기를 만나고 영적으로 성장할 수 있기 때문이다.

누구나 감사할 것을 찾아보면 자신에게 감사할 일이 너무나 많다는 것을 체험하게 된다. 지금 자신이 처한 상황이 어떠하든 간에 그 처지에 감사하면서 열심히 살아가는 것이 성숙된 회복자의 모습이다. 회복을 위해서는 먼저 자신에게 감사하고 가족과 이웃, 신에게 감사하는 습관을 가져야 한다. 감사는 회복의 상징이다. 훌륭한 농부는 해가 뜰 때나 비가 올 때나 항상 감사하면서 그 날씨에 할 수 있는 일을 찾아서 열심히 일한다. 회복의 과정 중에 있는 중독자도 어떤 처지에서도 감사할 수 있어야 영적으로 성장하여 회복이 잘 유지된다.

12
가족의 회복

중독자의 회복을 위해서 가족의 치료와 회복이 필수적이다. 가족이 좀 더 건강하고 편안해야 중독자의 행동에 올바로 대처할 수 있으며 가정이 안정될 수 있다. 가족은 자기를 분리주시하여 자기의 문제로 중독자에게 집착하고 의존하였음을 자각하고 자신이 중독자의 변화에 무력했음을 인정해야 한다. 가족이 자신의 문제를 있는 그대로 보고 받아들일 수 있을 때 변화가 시작된다.

가족은 중독의 특성과 공동의존에 대해서 알아보고 자기를 점검해야 한다. 또 중독자와 정서적으로 건강한 거리를 유지해야 하며 '냉정한 사랑'을 실천할 수 있어야 한다. 중독자에게 관심과 애정을 가지되 어느 정도 냉정한 거리를 유지할 필요가 있으며, 중독자가 자기의 행동에 대한 책임을 스스로 질 수 있도록 해야 한다.

가족이 힘들수록 자기주시를 할 수 있어야 한다. 자기주시가 되면 내적인 피해를 줄일 수 있으며, 힘든 상황을 지혜롭게 이겨 나갈 수 있다.

연꽃은 진흙 속에 살면서도 진흙을 붙이지 않고 향기로운 꽃을 피워 낸다.
중독자의 가족도 이러한 자세가 요구된다.

가족 스스로의 문제 알아보기

가족치료 모임에 꾸준히 참석해 온 한 중독자의 부인은
모임을 통하여 자신의 불안과 피해의식이 남편의 회복에
걸림돌이 되었다는 것을 뒤늦게나마 알게 되었다고 자기
의 마음을 개방하였다.

가족은 모든 문제를 중독자와 연관 지어 생각하는 경향이 있다. 중
독자의 아내는 '남편이 술만 안 먹으면 자신이 행복할 것이다.' 하고
말하면서 자녀가 공부를 못해도, 돈이 없어도, 아파도, 힘들어도 전부
중독자 탓으로 돌리고 비난한다. 반면에 중독자는 다른 사람보다도
자신의 가족으로부터 무시당하는 것을 견디기 힘들어 하고 술이나
마약으로 위로받고자 한다. 그런데 지금 가족의 마음이 편치 않으면
중독자의 감정이나 자존심을 배려할 여유가 줄어들기 때문에 평소
해오던 대로 중독자를 대하게 된다. 때로는 중독자에 대한 억압된 분
노나 억울한 감정이 어떤 계기로 폭발하기도 한다. 가족은 평소에 인
내하면서 자기주시를 잘 하여 마음을 안정시키도록 노력해야 한다.
남편이 중독자인 경우 아내는 자신의 말과 행동이 남편이나 자녀
에게 어떤 영향을 미쳤는지를 상대의 입장에서 성찰하는 시간을 가
져야 한다. 자신의 말이 배우자에게 어떤 상처를 주었는지, 배우자와
의 싸움으로 자녀가 입었을 상처를 생각해 보아야 한다.
가족은 자기주시와 반성을 통해서 중독자를 변화시키는 데 자신
의 에너지와 시간을 사용하기보다는 자기를 보살피고 사랑하면서 지

금 자신이 할 수 있는 일을 찾아 행동해야 함을 알게 된다. 가족이 자기주시를 통해서 좀 더 편안해지고 지혜롭게 되어 중독자의 말과 행동에 덜 흔들릴 때 중독자 또한 회복의 길을 잘 갈 수 있다.

가족교육과 상담

> 어떤 알코올중독자의 어머니는 아들인 중독자에게 욕설
> 과 폭행을 당하면서도 다른 사람에게서 아들을 감싸 주고
> 아들이 타인에게 피해를 입힌 것을 대신 갚아 주는 행동
> 을 반복하고 있으며 아들에게 병원이나 전문가의 상담을
> 받도록 권유하는 노력을 하지 않고 있다.

대부분의 가족은 중독에 대한 지식이 부족하고 중독자의 행동에 대해 어떻게 대처해야 할지를 잘 모르고 있다. 알코올중독자 가족은 중독자가 술을 끊을 것이라는 기대를 하는 만큼 중독자가 술을 다시 마시면 심한 좌절감을 느끼고, 자신의 기대대로 따르지 않는 중독자에게 분노하게 된다. 또 가족은 중독자가 보여 주는 공격적 말이나 행동에 대해 불안해 하고 힘들어 하면서도 적절하게 대처하는 방법을 배우지 않고 있다.

가족은 가족교육과 상담을 통하여 중독과 중독자의 특성을 잘 이해하고 중독자의 행동에 대한 대처 기술을 배워야 한다. 교육과 상담을 받은 가족이 긍정적으로 변화하게 되면 일시적으로는 갈등이 일

어나지만 곧 다른 가족 구성원들도 좋은 영향을 받게 되어 가정의 기능이 나아질 수 있다.

중독자가 병원에 입원해 있을 동안에 가족이 가족교육을 받거나 상담을 받는 것이 효과가 있다. 특히 가족이 가족자조 모임에 참석하는 것은 가족의 회복에 도움이 된다. 중독자 가족에 대한 교육에는 의사소통 기술, 갈등 해결 방법, 중독자에 대한 대처 기술, 부부 관계 증진, 부부 관계 재구조화, 부모 기술 훈련, 부모 교육, 스트레스 관리 등이 포함된다(조근호 외, 2011).

가족의 대처

어떤 여고생은 어린 시절부터 아버지의 음주와 학대를 견뎌내야 했다. 중학교 시절 어머니는 아버지의 학대를 견디다 못해 가출하였다. 고등학교에 들어오자 학생은 더는 자신의 삶을 아버지에게 휘둘려 가면서 무가치하게 보내기 싫다고 생각하였다. 그때부터 아버지가 자신과 동생을 구타하거나 욕설을 하지 못하게 하는 등 자신과 동생을 보호하기 시작하였으며 자신은 열심히 공부하여 마침내 전교에서 수석을 차지하기도 하였다.

가족이 회복하여 건강하게 살기 위해서는 중독자의 특성을 잘 이해하고 올바로 대처해야 한다. 가족이 중독자의 행동을 무조건 받아

주고 감싸 주는 것은 중독자의 중독 문제를 더 악화시키고 회복에 부정적 영향을 미친다(Levinthal, 2008). 지나치게 간섭하는 것 또한 바람직하지 못하다. 중독자는 자신을 믿지 않고 지나치게 간섭하는 가족에게 원망하고 화를 내며, 분노 감정을 삭이기 위해 술을 마시거나 마약을 하기도 한다(허근, 2009).

가족은 중독자와 적절한 거리를 유지하면서 중독자의 자존심을 상하지 않도록 하고 자기의 행동에 대한 책임을 스스로 지도록 해야 한다. 중독자가 자신의 잘못으로 금전적 손실을 끼쳤을 경우 가족이 대신 갚아 주기보다는 힘들더라도 본인이 자기의 행동에 대한 책임을 지게 함으로써 앞으로 같은 행동을 반복하지 않을 수 있다.

가족은 중독자가 술을 마시고 가족을 폭행할 위험이 있을 경우는 우선 안전하게 자리를 피하고 경찰이나 병원, 주변 사람의 도움을 받아야 한다. 만일의 위험에 대비하여 자신을 도와줄 사람이나 기관의 전화번호를 집안의 잘 보이는 곳에 붙여 놓거나 스마트폰에 저장하여 빨리 연락을 취해야 한다. 가족은 자기 자신의 안전을 지키는 것이 우선이다.

중독자가 가족에게 어떤 요구를 했을 때에 고민이 된다면 들어 주었을 경우의 결과를 상상하면 좀 더 현명한 결정을 할 수 있다.

또한 중독자의 배우자는 중독자에게만 신경을 쓴 나머지 자녀의 양육에 소홀히 하지 않도록 해야 하며 자녀에게 좋은 삶의 모델이 되어야 한다. 부부가 함께 잘 살아가는 모습을 보면 자녀는 안정되고 자신감을 갖게 된다. 여의치 못하면 부부 중 한쪽만이라도 열심히 살아가는 모습을 보여 주는 것이 자녀의 마음을 편안하게 하며 올바로 살아갈 힘을 준다.

가족의 스트레스 관리

중독자의 배우자는 가정을 혼자서 책임져야 하는 등의 부담감이 있으며(김인국, 현진희, 2007), 정신 건강이 좋지 않다. 특히 공동의존 문제가 있거나 사회적 지지가 부족할 경우에는 정신 건강이 더 나빠질 수 있다.

중독자 가족의 정신 건강과 스트레스를 줄이기 위해서는 가족자조 모임에 참석하며 전문가에게 상담을 받는 것이 좋다(정선영, 2005). 가족은 자신이 스트레스를 받았을 경우에 해소할 수 있는 좋은 방법을 알아보고 스트레스를 잘 관리해야 한다.

스트레스를 관리하는 방법으로 생각을 바꾸는 것, 자기의 감정을 공감하고 지지해 줄 사람을 찾는 것, 운동하는 것, 여행하는 것 등이 있다.

가족은 나름의 효과적인 스트레스 관리 방법을 찾아서 해결해 나가야 한다. 궁극적으로 자기주시를 통하여 스트레스와 어려움을 잘 해결해 나가는 것이 자기를 더 지혜롭고 강하게 만든다.

가족의 대화 기술

알코올중독자는 가족의 사소한 말을 부정적으로 받아들이고 예민하게 반응하면서 화를 내거나 술을 마시는 경향이 있다. 중독자는 가족이 하는 말이나 행동을 핑계 삼아 술을 마실 수 있으므로 대화를 할 때도 자기를 분리주시하는 것이 습관화되어야 한다.

인정의 욕구가 강한 중독자는 누구보다도 배우자로부터 무시 당하는 것에 수치심을 느끼고 화를 내기 때문에 배우자는 상대의 입장을 잘 고려해서 말하고 행동해야 한다.

가족은 중독자와 대화할 때 경청, 공감 그리고 '나 표현법'을 적절하게 사용해야 한다. 특히 '나 표현법'은 중독자와 대화할 때 매우 중요하게 사용될 수 있는 대화 기술이다.

중독자인 남편이 전화도 없이 늦게 귀가하였다면, 우선 심호흡을 하여 마음을 안정시킨 다음에 자신의 마음에 분노가 일어남을 알아차려야 한다. 지금 남편의 기분이 어떨지도 살펴보아야 한다. 그리고 '늦게 온다는 전화도 없이 집에 늦게 들어와서 내가 짜증이 났네요. 앞으로 늦을 경우에는 전화로 연락이라도 해 주시면 좋겠어요.' 등으로 '나 표현법'을 쓰는 것이 좋다.

중독자와 가족 간의 대화에서는 '나는' '내 생각에는'이라는 말을 잘 사용하지 않는데, 누구나 나름대로 생각하는 것임을 알아차려야 한다. '저 사람과 내가 이 점에서는 생각이 다르구나.' 하고 알아차리게 되면 서로를 이해할 수 있어 대화가 잘 진행된다. 대부분의 중독자 가족은 자신의 생각과 타인의 생각 간의 차이를 인정하기보다는 다른 사람의 생각이 자신의 생각과 다르면 틀렸고 잘못되었다고 보기 때문에 갈등이 일어나고 소통이 어려워진다.

가족은 대화할 때, 지금 자기의 감정이나 생각이 어떤지를 알아차리면서 상대는 어떤 감정이나 의도가 있는지, 자신이 보여 주는 말과 행동에 대해서 상대가 어떻게 느끼고 있는지를 상대 입장에서 살펴보면서 상대나 상황에 적절한 대화를 하도록 노력해야 한다.

가족은 회복 중인 중독자를 비난하거나 경멸하지 않도록 주의하고 회복을 위한 중독자의 사소한 노력이라도 칭찬하며 인정하는 말을 자주 해야 한다.

가족의 자조 모임 참석

가족자조 모임에 참석하는 것이 가족의 회복과 가정의 안정에 크게 도움이 된다. 자조 모임을 통해 가족은 자신의 문제를 해결하고 중독자의 회복에 도움이 되는 많은 정보를 얻을 수 있다. 또한 참여한 가족들이 서로 지지하고 이해하는 분위기에서 심리적 안정과 용기를 얻게 되어 회복을 위한 힘을 얻게 된다(조근호 외, 2011). 가족 모임은 새로운 중독자 가족에게 자신의 경험과 정보를 제공하여 회복에 동참하게 한다.

중독자의 회복과 가족

3년째 회복 중인 알코올중독자 K씨는 병원에서 퇴원 후 일주일이 지난 어느 날, '앞으로 어떻게 술을 끊고 가정을 책임질 수 있을까?' 하는 걱정에 불안하고 우울한 시간을 보내고 있었다. 그러던 중 식당 일을 마치고 돌아온 아내가 "여보, 제가 도움이 못돼서 정말 미안해요. 알코올중독은 병이라고 배웠어요. 당분간 당신은 치료에만 전념하세요. 당신이 건강한 것이 우리 가족에게 무엇보다 소중해요." 라는 말을 듣고 단주 생활을 시작하였다고 말하였다. 그리고 그날 눈물이 그렇게 뜨거울 수 있다는 것을 처음 알게 되었다고 말하였다.

많은 중독자 가족이 수치심과 열등감을 가지고 있으며 자신감이 부족하여 자기의 능력을 제대로 발휘하지 못한다. 가족이 먼저 자신의 감정을 수용하고 자기를 사랑할 수 있어야 마음이 편안해져 다른 가족도 잘 배려할 수 있다. 가족이 고통스럽고 불안하고 화가 날 때 그런 마음도 있는 그대로 주시하고 수용하면 마음이 평온해진다.

가족이 자기 감정을 주시하지 못하면 쉽게 스트레스를 받고 지치게 되며, 이 모든 것이 중독자 때문이라고 비난하게 되고 중독자는 술이나 마약 등을 다시 찾을 가능성이 높아진다.

중독자가 회복을 위해서 열심히 노력하고 있음에도 중독자에 대한 가족의 반응이 예전처럼 부정적이며 비난하는 태도를 보인다면 중독자는 자신이 술을 끊어도 별로 달라질 것이 없다는 생각으로 술을 찾을 수 있다.

　가족이 자기의 감정을 잘 주시하고 수용하면서 덜 흔들려야 가정도 안정되며 평화롭게 된다. 가족 스스로 자기를 존중하고 사랑할 수 있어야 중독자의 자존심을 덜 상하게 한다. 가족은 중독자를 무시하거나 비난하여 가정의 분위기를 어둡고 탁하게 만들기보다는 신뢰감, 존중심을 가지고 자기의 책임을 다하여 가정의 분위기를 밝고 맑은 향기로 채워야 한다.

13
영성과 회복

중독자는 자기중심적이며 이기적이고 쾌락에 집착해 있다. 회복은 자기중심적이며 이기적 삶에서 영적 삶으로 변화되는 것이다. 잘 회복 중인 중독자는 매사에 집착하지 않고 다른 사람을 배려하면서 삶의 의미와 보람을 가지고 항상 감사하는 모습을 보인다.

칼 융(Carl Jung)은 회복에 가장 도움이 되는 것은 아마도 영성일 것이라고 하였다. 그것은 영성적 기쁨을 체험할 수 있어야 중독 대상에 대한 갈망이 적어진다는 의미다. 영성적 체험은 몸의 뜨거움, 전율, 신의 현존 체험, 신이 자기의 모든 죄를 용서해 주신다는 믿음, 충만감 등 다양한 느낌으로 경험된다. 석명 한주훈 선생은 '영성적 체험을 하면 신에게 사랑받는다는 느낌, 초월감, 포용감, 지복감 등을 느낄 수 있으며 일상에서도 영성적 체험을 기억함으로써 마음이 평온하며 행복감을 가질 수 있다.'고 한다. 회복 중인 중독자가 영성적 체험을 한 후에는 술이나 마약이 싫어지면서 마음의 평화와 기쁨을 느끼고 회복의 길을 잘 걸어가게 된다. AA나 NA 등에서 강조하는 것도 영성이다. 자신이 술이나 마약에 무력함을 자각하고 자기 혼자의 힘만으로는 회복할 수 없음을 알고 후원자의 도움을 받고 신에게 매달리는 겸손함이 있어야 회복이 가능하다. 회복 중인 중독자가 겸손하게 신에게 자비를 비는 것은 마음의 안정과 평화를 가지게 하며 중독에 대한 갈망이 줄어들게 하고 지혜로운 결정을 할 수 있게 한다.

영성적 삶을 사는 회복자는 이제 자신의 삶의 의미와 목표를 세속적인 것에 두지 않는다. 대신에 자신을 성찰하면서 다른 사람을 배려하고 사랑하고 기쁜 마음으로 가정과 직장에서 자기의 역할을 다하면서 살아간다. 또한 지난 잘못을 참회해 가면서 봉사를 통한 보속의 삶을 살아간다.

중독으로부터 회복에 도움이 되는 영성은 크게 두 부분으로 나눌 수 있다. 하나는 자기에 대한 성찰을 통해서 나아가는 것이다. 어려운 과정이지만 이를 통하여 자유함을 얻게 된다. 이러한 자기성찰은 자신을 주시하고 관찰할 수 있는 훈련을 통해 가능하다. 또한 자기주시에 따른 명상 훈련을 통해 자신의 내면에 살아 있는 영성을 개발해 나갈 수 있게 된다.

한편, 영성의 또 다른 측면은 자신이 중독에 무력함을 인정하고 신의 은총을 믿고 따르는 것이다. 신의 뜻을 찾고 신이 바라는 삶을 살아갈 때 중독으로부터 회복되며 마음의 평화를 가질 수 있다. 회복 중인 많은 중독자가 신의 자비와 은총을 입음으로써 자신이 회복되었다고 보고한다. 회복자 중 몇 분은 '하느님의 목소리를 들었다.' '하느님이 함께하시는 체험을 한 후에 변화되었다.'고 말한다. 간디

(Mahatma Gandhi)는 '신의 노예가 되는 자는 다른 사람이나 어떤 물질의 노예가 되지 않는다.'고 하였다. 자기 역할을 다하면서 내적 변화를 추구하는 영성적 삶은 개인으로 하여금 진정한 자유와 행복감을 가지게 한다.

회복자의 영적 성장은 멈추지 않고 계속되어야 한다. 회복 중인 중독자가 영적 성장을 위한 노력을 게을리 하면 마치 자동차의 배터리가 방전되는 것과 같이 자신을 앞으로 나아가게 할 동력을 잃게 된다. 영적 성장을 위한 노력이 부족하면 삶이 각박해지고 예전의 자기로 되돌아갈 위험이 있다. 끊임없는 자기주시로 영성의 숲이 황량하지 않고 풍성하도록 키워 나가야 한다. 명상, 요가, 영성 관련 서적에 대한 독서, 영적 체험을 꾸준히 하는 것이 영성의 숲을 키우는 데 도움이 된다.

14
중독 후 성장

　'외상 후 성장(post-traumatic growth)'이란 외상 경험을 극복한 개인이 외상 경험 이전보다 자기 자신을 더 성찰하며 매사에 감사하고 삶의 의미를 가지며 타인을 배려하는 등의 정신적 성장을 보이는 것을 말한다. 중독으로부터 회복한 다수의 사람도 이와 유사하게 중독 이전보다 더 성장된 특성을 보이는데 이를 '중독 후 성장(post-addiction growth)'이라고 명명하고자 한다.

　외상 후 성장을 하는 사람은 자기 자신을 바라보는 조망이 달라지고 대인 관계가 질적으로 변화되며 지금까지와 다른 새로운 도식을 가지며 삶의 의미를 찾는다(이정호, 이희경, 2011). 이처럼 중독자도 중독 생활을 할 때에는 자기의 어려움과 고통이 배우자나 부모 탓이라고 생각하고 술이나 마약을 통해서 위로해 왔지만 회복한 후에는 모든 것이 자기 마음이 만든 것임을 자각하게 되며 겸손해지고 자기보다는 타인의 입장을 먼저 생각해서 배려하려고 한다. 또한 매 순간

최선을 다해 살아가면서 중독으로부터 회복된 의미를 찾게 된다.

중독으로부터 회복되어 갈수록 이전보다 더 편안해지며 솔직해지고, 남을 배려하고 매사에 감사하는 삶을 살게 된다. 알코올이나 마약류 중독으로부터 회복된 사람은 일반 사람들이 지향하는 돈이나 명예 등 세속적인 욕심에서 좀 더 자유로운 삶을 살아가는 모습을 볼 수 있다. 그러나 회복자 전부가 성장하는 것은 아니며 스스로 노력하는 사람들만이 영적으로 성장한다.

자기중심적인 중독의 삶에서 회복되면 이전에 보이지 않았던 가족의 모습과 자연의 아름다움을 볼 수 있으며, 이전에 잘 들리지 않았던 가족의 말이나 자연의 소리도 들을 수 있다. 회복이 진행될수록 타인에 대한 관심과 배려가 많아지고 일상의 사소한 것에서도 아름다움과 행복감을 느낄 수 있는 여유가 생긴다.

15
마음챙김

마음챙김이란 무엇인가

지금은 중독 전문가로 활동하고 있는 회복자 P씨는 중독으로부터의 회복을 자기관리 능력의 향상으로 보았다. 자기관리의 핵심은 초점을 과거나 미래, 혹은 어떤 사람이나 상황에 두지 않고 '지금의 자기 자신에게 둠으로써 깨어 사는, 즉 자신의 상태를 알아차리는 데 있다.'고 하였다.

P씨는 마음챙김 훈련을 통하여 급한 성격이 상당히 차분해졌으며 점차 남의 문제보다 자기 문제에 더 관심을 갖게 되었다. 또 감정을 알아차리고 알코올에 대한 갈망을 보는 습관을 통해 내적 갈등에 유연하게 대처할 힘이 생겼고 자존감 또한 많이 향상되었다. 그는 결국 회복의 삶

이란 자신의 마음을 잘 챙겨 살아가는 과정이며 잘 챙기는 것만큼 삶이 행복해질 것이라고 덧붙였다.

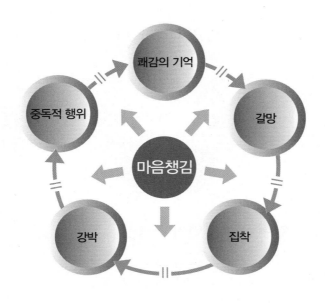

[그림 15-1] 회복 과정에서 마음챙김 모형

회복 과정에서 마음챙김 모형

앞서 [그림 2-1] 중독심리 과정 모형에서 설명하였듯이 술이나 마약을 했을 때의 좋은 기억은 갈망을 불러일으키고 갈망은 집착을 일으키며 집착은 강박사고로, 강박사고는 중독 행위로 연결된다. 이때 마음챙김은 [그림 15-1]의 모형에서처럼 느낌이나 갈망이 중독 행동으로 연결되지 않도록 차단하는 기능을 한다. 중독에 대한 갈망이 일어나는 그 순간 개인이 이를 알아차리면 갈망이 집착으로 진행되지 않고, 집착을 알아차리면 강박적 사고로 가지 않으며, 강박적 사고를 알아차리면 중독 행동으로 연결되지 않는다. 인간의 심리 과정은 한 순간에 하나만 일어나기 때문에 개인이 마음챙김을 하는 그 순간에는 중독적 갈망이나 집착이 차단된다. 지속적으로 마음챙김을 하면 [그림 15-1]에서 보듯이 중독적 심리 과정이 약해지고 차단되어 중독으로부터 회복할 수 있다. 이때 '마음챙김'은 일종의 마음의 브레이크 장치로 볼 수 있으며 '자발적인 힘'을 발휘한다.

자기주시를 지속적으로 하면 갈망의 힘이 점차 약해지고 주시력이 강해져서 회복을 쉽게 유지할 수 있다. 마음챙김을 통해 보이는 자기의 갈망이나 욕심은 일어났다가 사라지는 에너지 흐름임을 알게 되며, 마음이 편안해지고 조절력이 향상되고 지혜롭게 된다.

'마음챙김'이라는 용어는 원래 팔리어 'sati'의 영어 번역어 Mindfulness를 다시 한글 번역어로 받아들인 것 중 하나다. 그러나 불교의 sati와 Mindfulness는 같은 개념이 아니며 쓰임새가 다르다. Mindfulness는 불교의 sati가 본래 알아차림의 도구에 국한된 것임에 비해 여기에 notice, awareness, attention, meta attention 등의 복합적인 의미를 함축하고 있다. 다시 말해 Mindfulness는 명상의 자기주시적 훈련의 수단과 목적을 동일시하고 있으며 이들을 따로 구별하지 않는다(Kabat-Zinn, 2005). 마음챙김은 자기주시, 알아차림, 수동적 주의집중, 순수한 주의 등으로 불리는데, 자기에게 일어나는 신체의 감각이나 생각, 감정 등을 있는 그대로 경험하는 것(Mace, 2010)이며 지금 이 순간에 각성하여 총체적 상황에 명료하게 깨어 있는 것이다. 예수께서 말씀하신 '항상 깨어 있으라.' '지극히 작은 일에도 충실하라.'는 것이나 유교에서 전하는 경(敬)도 결국 마음챙김으로 볼 수 있다.

마음챙김은 자기의 호흡과 몸과 마음을 떨쳐 놓고 보는 것으로, 자기의 마음을 관찰하는 일종의 초인지적 기능이다.

또한 마음챙김은 자신의 인지 활동에 대한 지식과 조절을 의미하며 이를 통해 자기 자신이 무엇을 알고 모르는지 자신의 사고 과정 전반에 대해서 이해와 평가를 할 수 있고 무엇을 보완해야 하는지를 알게 한다(김경일, 2013).

알코올중독자가 회복하기 위해서는 크게 두 번 깨어나야 한다. 한 번은 술에서 깨어나야 하고, 한 번은 자동적으로 생각하고 행동하던 이전의 비각성적인 삶의 태도로부터 깨어나야 한다. 회복 중인 중독자는 의식적으로 술을 끊는다지만 술을 향한 행동은 무의식적인 경우가 많다. 그러므로 자기주시를 하여 지금 자신이 어떤 의도를 가지고 있는지, 어떤 목적이 있는지, 어떤 행동을 하고 있는지를 명확하게 알아차려야 한다. 자신이 술을 마시고 싶다는 것을 매번 알아차리는 연습을 통해 알코올중독자는 갈망이란 잠시 일어났다가 사라지는 것임을 체험하게 된다.

중독자는 자기를 만나지 않고 회피하려는 습관이나, 자극이 강한 중독 물질을 오래 사용한 경험 때문에 자기 몸이나 마음에서 일어나는 느낌을 알아차리기가 어렵다. 느낌에는 크게 좋은 느낌, 나쁜 느낌, 좋지도 나쁘지도 않은 느낌이 있다. 좋은 느낌이면 좋은 느낌으로 알아차리고, 괴롭고 고통스러운 느낌은 괴롭고 고통스러운 느낌으로, 있는 그대로 알아차리면 된다. 사람들은 좋은 느낌을 경험하면 그것에 더 집착하게 되고 좋지 않은 느낌이면 애써 피하려 하는데, 그런 마음도 있는 그대로 주시한다. 중독자가 지속적인 연습을 통해서 느낌을 주시할 수 있으면 느낌 또한 파도나 구름과 같이 왔다가 사라지는 현상임을 알게 되고 덜 집착하며 마음이 편안해진다.

회복 초기에 있는 중독자는 주의집중력이 부족하므로 마음챙김이 제대로 되지 않을 수 있다. 때문에 마음챙김은 중독자의 수준이나 치료 상황에 맞추어 적절하게 변형해서 사용해야 한다. 초기의 회복자는 몸에 대한 오감을 자각하는 마음챙김, 단순한 신체의 움직임에 대한 마음챙김 등을 실시하는 것이 좋다.

마음챙김의 효과

마음챙김을 지속적으로 하면 모든 것은 무상(無常)하며 고통이고, 자기라는 것은 조건화되고 만들어진 것임을 자각하게 된다. 마음이라는 것은 잠시 일어났다 사라지는 변화의 속성이 있다. 자기 몸에서 일어나는 고통이나 아픔도 주시하면 잠시 왔다가 사라지는 것임을 체험하게 된다.

인간은 누구나 정도의 차이는 있으나 생존을 위한 고통, 늙고 병듦에 대한 고통, 죽음, 대인 간의 갈등과 외로움 등으로 인한 고통을 겪고 있다. 그러나 고통의 마음을 인내하면서 주시하면 고통 또한 파도처럼 왔다가 사라짐을 알게 되고 마음이 편안해진다. 지속적인 마음챙김을 하면 삶의 길에서 만나게 되는 고통의 바람에 덜 휘둘릴 수 있고 고통에 대한 두려움이 적어진다.

자기주시를 하면 에고의 힘이 약해지고, 호흡이 느리고 깊어지며, 심신이 안정된다. 호흡이 느리고 깊으면 내면이 평화로워진다. 회복 중인 중독자가 마음챙김을 하면 자기를 있는 대로 정직하게 보게 되고 중독이 자기의 행복에 큰 장애가 됨을 명료하게 인식하게 된다.

마음챙김은 의식되지 않고 자동적으로 일어나는 생각이나 습관적인 행동을 알아차려서 비판적으로 자기의 정서 상태를 수용하게 한다(Garland, Schwarz, Kelly, Whitt, & Howard, 2012). 또한 부정적인 생각이나 불행감, 스트레스를 감소시키고 행복감과 지혜를 가져온다(Brown & Ryan, 2003).

여러 연구에서 마음챙김이 알코올이나 마약과 관련된 자동적 사고를 감소시키며 중독자의 회복과 재발 방지에 기여함을 확인하였다(Garland et al., 2012; Ostafin, Bauer, & Myxter, 2012; Zgierska et al., 2009).

회복 중인 중독자가 마음 챙김을 지속하면, 자기의 감정이나 생각에 덜 휘둘리게 되어 마음이 안정되고 편안해지므로 상대의 마음도 잘 이해하고 배려하게 되어 대인 관계도 좋아진다. 마음챙김 수행을 통해 내적 갈등에 휩싸이지 않고 흘려 보낼 수 있는 힘이 생겨나서 상대와 상황에 좀 더 유연하게 대처할 수 있다. 그러나 초기 회복자는 자신에게 일어나는 두려움, 수치심, 분노, 죄책감과 중독성 사고 등을 있는 그대로 주시하기가 어렵고 자기 마음을 수용하지 못하는 경우가 많다. 회복자가 분노나 수치심이 있는 자신을 그대로 알아차리고 받아들일 수 있으면 마음이 안정되고 자존감이 증가한다. 회복 중인 중독자가 자기의 감정을 알아차리고 있는 그대로 보게 되면 지금까지 인정받고자 하거나 수치심을 방어하기 위해 사용했던 여러 기제를 사용하지 않게 되고 알코올이나 마약류에 대한 갈망도 줄어든다.

마음챙김과 성격의 변화

중독의 원인 중 하나는 성격 문제로 어린 시절의 경험과 관련된다. 중독자와 면담해 보면, 대부분은 어린 시절 아버지의 알코올 문제나 학대, 어머니의 방임 등 부모에게 상처 받은 경험이 있다. 비록 현재는 부모가 돌아가셨더라도 그러한 갈등의 경험은 대뇌에 기억으로 저장되어 있어 중독자의 현재 대인 관계에 영향을 미치고 있다.

부모와의 관계에서 갈등이 심했던 중독자는 갈등이나 분노감을 해결하기 위해서 술을 찾게 되고 술이 주는 마음의 이완과 위로에 의존한 나머지 중독에 빠지는 경우가 많다. 또 중독자는 일상의 대인 관계에서도 부모나 중요한 사람에 대해서 가지고 있던 감정이 반복되어 나타나게 된다.

중독자는 자신이 술을 마시는 것이나 일상에서 보여 주는 대인 관계의 패턴이 어린 시절에 형성되어서 자신의 의지와 상관없이 자동적으로 일어나는 것임을 알아차림으로써 중독 행위를 그만둘 수 있고, 타인과 좀 더 편안하게 지낼 수 있게 된다.

중독 문제에 대한 정신역동치료의 목표는 중독자로 하여금 자기의 무의식을 보고 지배를 받지 않는 것이다. 마음챙김은 자기 이해를 통해 성장을 이끌어 간다는 점에서 정신역동치료와 공통점이 있지만, 정신역동치료가 중독자의 건강한 부분과 상담자가 손을 잡고 중독자의 무의식을 보고 치료하는 것이라면 마음챙김은 스스로의 노력으로 자기의 무의식을 보고 이해하게 되어 무의식의 힘에 덜 끌려 살아가는 것이다.

마음챙김을 통해 성격이 변화되기 위해서는 일상에서 자기의 감정과 행동을 분리주시하는 것이 습관화되어야 한다. 지금 자기의 자세가 어떤지를 알아차리고 점검하며 척추를 똑바로 세우도록 노력하는 것이 각성의 기본이 된다. 일상에서의 자기의 몸과 마음, 행동을 알아차리게 되면 과거의 힘에 덜 끌리게 된다.

대인 관계의 핵심은 타인의 관점에서 살펴보고 타인을 이해하는 것이다. 그렇기 때문에 지금 상대가 어떤 마음 상태인지, 상대가 자신의 반응을 어떻게 받아들이는지 등을 상대의 입장에서 주시하고 대응하는 것이 서로가 편안한 대인 관계를 만든다.

자기와 상대, 상황 등의 총체적 상황을 주시하고 그 상황에 맞는 적절한 행동을 하는 것이 가장 자연스러우면서 자기와 상대를 사랑하는 방법이다. 회복 중인 중독자가 자기주시를 통하여 마음이 안정되고 조절력이 향상된 다음에는 주시하는 나는 누구인가를 참구하여 '참나'를 깨닫게 되면 모든 일에 걸림이 없고 자유로운 삶을 살아갈 수 있다.

16
마음챙김 프로그램의 실제

마음챙김에 기초한 중독자 자기사랑하기 프로그램

꽃동네 알코올 치료공동체에서는 마음챙김에 기초한 중독자 자기
사랑하기 프로그램을 실시하고 있다. 마음챙김에 기초한 중독자 자
기 사랑하기 프로그램은 마음챙김과 자기사랑하기 프로그램(박상규,
2002), 행복 프로그램(박상규, 2010) 그리고 자비명상을 결합하여 중독
자의 특성에 맞추어 구성한 것이다. 이 프로그램은 자기주시가 자기
사랑의 기본이 되고 자기를 사랑해야 타인을 더 잘 배려할 수 있다는
가정하에 만들어졌다.

마음챙김에 기초한 중독자 자기사랑하기 프로그램의 주제

마음챙김에 기초한 중독자 자기사랑하기 프로그램의 주제와 내용

은 <표 16-1>과 같다.

<표 16-1> 마음챙김에 기초한 중독자 자기사랑하기 프로그램

회기	주제	내용	비고
1	오리엔테이션 및 몸과 마음의 관계	프로그램 안내/ 요가 호흡명상, 몸명상 설명, 몸과 마음의 관계	프로그램 안내 및 명상
2	나는 어떤 사람이었는가?	나의 문제에 대한 인식 가족으로서 나 부모와의 초기 경험 나누기 과거 경험이 지금 나의 생각과 행동에 미치는 영향은 무엇인가?	명상
3	행복의 장애 알아보기	나의 행복에 장애가 되는 것이 무엇인지 알아보기 행복에 장애가 되는 것을 어떻게 이겨 나갈 것인가?	명상
4	장점 및 강점 찾기	자신의 장점과 강점 찾기	명상
5	용서와 화해	나에게 상처 준 사람을 용서하기 자신을 용서하기	명상
6	감사하기	가족이나 스승, 친구, 그리고 자신에게 감사할 것을 찾아 표현하기	명상
7	행복한 대화 나누기	상대에 대한 칭찬과 감사 등을 표현하기	명상
8	삶의 의미와 목적	내 삶의 의미와 목적은 무엇인가?	명상
9	문제해결하기	지금 나의 문제를 심상법, 명상 등의 방법을 사용하여 해결하기	명상
10	가슴 뛰는 삶을 살기 및 마무리	내가 즐겁고 행복하기 위해서는 무엇을 하면서 어떻게 살아야 하나?	명상

절차

프로그램의 절차는 마음챙김 명상 ⇨ 활동 ⇨ 자비명상 ⇨ 소감 나누기 등의 순서로 되어 있다.

먼저 몸명상과 간단한 요가를 실시하는 것으로 시작한다. 현재 자신에게 힘든 문제가 있으면 이를 나눈 다음에 각 회기의 주제에 맞는 활동을 한다. 활동 다음에는 자비명상을 실시한다. 마지막에는 프로그램을 마친 후의 소감을 말하는 등의 절차로 진행한다.

1회기: 프로그램 전체에 대한 오리엔테이션을 한다.

호흡에 대한 명상, 몸의 상태를 알아차리는 명상 혹은 간단한 요가와 자비명상 등에 대해 설명한 후 호흡명상부터 시작한다. 숨을 들이쉬고 내쉬는 것을 주시하게 한다. 다음에는 자기 몸의 느낌을 알아차리는 명상을 한다. 몸을 알아차리는 명상은 누울 수 있는 장소가 있으면, 가급적 누워서 실시하는 것이 좋다. 머리끝에서 발끝까지 자기 몸의 상태에 대하여 자각할 수 있도록 한다. 그리고 간단한 요가를 실시한다. 그다음 집단에 참여한 사람들이 집단명상에 임하는 자기의 각오를 말하게 한다.

자비명상을 실시한다.

2회기: 간단한 요가와 호흡명상을 실시한다.

나는 어떤 사람이었는지를 생각하게 한다. 이 회기를 통하여 자신의 중독 문제를 인식할 수 있다. 명상한 다음에 자기가 성찰한 내용을 종이에 적어 발표한다. 그 후 초기 기억과 어린 시절 부모에게서 경험한 것 중 가장 기억에 남는 것을 생각해 보고 나눈다. 부모와 경험한 사건이 무엇이며, 그 당시에 어떤 감정을 느꼈는지, 그 외 다른 중요한 기억에 대하여 함께 나눈다. 또 자신이 어린 시절 부모 등과의 관계에서 경험한 것들이 지금 자기 생각이나 행동에 어떤 영향을 미쳤는지, 어떤 감정이나 행동이 대인관계에서 반복되고 있는지를 생각하면서 자기의 문제를 인식한다.

자비명상을 실시한다.

3회기: 간단한 요가와 호흡명상을 실시한다.

지금 자기의 행복에 장애가 되는 것이 무엇인지를 알아본다. 예를 들어, 중독이 문제라고 말하면, 자신과 가족의 행복을 위해서 앞으로 어떻게 해야 하는지를 생각하게 한다. 자신이 보완해야 할 점에 대해서도 알아보고 자신과 가족의 행복을 위해서 어떻게 살아야 하는지를 생각하며 이야기를 나눈다.

자비명상을 실시한다.

4회기: 간단한 요가와 호흡명상을 실시한다.

자신의 장점과 강점이 무엇인지를 살펴보게 하고 과거로부터 현재까지 자신의 어떤 장점이나 강점 때문에 성공할 수 있었는지를 살펴보게 한다. 앞으로 자신이 바라던 꿈을 이루게 된다면 자신의 어떤 장점이나 강점이 활용되었을지 생각하게 한다.

자비명상을 실시한다.

5회기: 간단한 요가와 호흡명상을 한다.

과거 자기가 상처받은 일들을 생각한다. 그리고 그 사람을 용서하는 시간을 가진다. 용서할 수 없으면 그런 마음 또한 있는 그대로 주시한다. 자기에 대하여도 용서한다.

자비명상을 실시한다.

6회기: 간단한 요가와 호흡명상을 한다.

가족이나 스승, 친구, 자신 등에게 감사할 것을 생각하고 발표하게 한다. 또 일상에서 감사할 것을 생각하고 발표하게 한다.

자비명상을 실시한다.

7회기: 간단한 요가와 호흡명상을 실시한다.

일상에서 대화를 할 때 상대를 칭찬하고 인정하며 감사하는 대화 기술을 배운다.

자비명상을 실시한다.

8회기: 간단한 요가와 호흡명상을 실시한다.

자기 삶의 의미와 목적을 살펴본다. 삶의 의미와 목적을 위해서 자신이 앞으로 해야 할 행동이나 일이 무엇인지를 살펴보고 계획을 세우게 한다.

자비명상을 실시한다.

9회기: 간단한 요가와 호흡명상을 한다.

지금 자기를 힘들게 하는 문제를 알아보고 이 문제를 신이나 혹은 자기가 존경하는 어떤 지혜로운 분이 대신 해결해 준다고 상상하여 그분이 문제를 해결하는 것을 체험한다.

자비명상을 실시한다.

10회기: 간단한 요가와 호흡명상을 실시한다.

살맛나는 즐거움을 느끼는 일이 무엇인지를 살펴보게 한다. 아직 없다면 찾아보고 말하게 한다. 구체적으로 취미나 즐거움을 어떻게 향유할지를 생각하고 발표하며 자비명상을 실시한다. 다음에는 프로그램 전체에 대한 소감을 나누고 앞으로 어떻게 살아갈 것인지 다짐한다.

알코올중독자에 대한 마음챙김에 기반한 회복 강화 프로그램 (MORE 프로그램)

최근 많은 연구에서 알코올중독자에 대한 마음챙김 프로그램의 효과가 입증되고 있다. 대표적으로 마음챙김에 기반한 회복 강화 프로그램(Mindfulness-Oriented Recovery Enhancement for Alcohol Dependence: MORE)이 있다. 갈랜드(Garland)와 동료 연구자들(2012)은 14명의 남자와 4명의 여자 등 총 18명의 알코올중독 성인을 대상으로, 프로그램을 실시한 후 면담하여 질적 분석하였다. 프로그램을 시행한 결과, 프로그램에 참여한 사람들에게서 현재에 존재하기, 주의집중력, 통찰력, 중독에 대한 인식 등이 증가됨을 확인하였다. 또 마음챙김의 효과는 부정적인 생각과 감정 및 충동을 잘 다룰 수 있게 하였으며 일상생활에 잘 적응하는 데 기여하였다(Garland, Schwarz, Kelly, Whitt, & Howard, 2012).

자연 속에서의 마음챙김

숲이나 강가와 같은 자연 속에서의 마음챙김은 실내와 또 다른 특유한 분위기와 다양한 이점을 제공한다. 자연 속에서의 마음챙김은 눈에 보이는 나무와 바위, 구름, 귀로 들리는 새소리, 물 흐르는 소리, 얼굴이나 목, 팔 등에서 느끼는 바람, 코에 스쳐가는 향기 등으로 오감을 자극하면서 기쁨을 느끼게 한다.

자연은 우리의 스승이다. 자연의 변화를 통해서 우리는 많은 것을 느끼고 배울 수 있다. 한겨울의 앙상한 가지가 봄이 되면 푸른 물이 오르고 화려한 꽃을 피우는 것을 보고서 고통의 순간도 지나가리라는 것을 알고서 희망과 용기를 가지게 된다. 가을이 되면 잎들이 단풍이 들었다가 지는 것을 보고 자연의 무상함을 배우게 되며 시간의 소중함을 알고 지금 여기에 집중해야 함을 자각하게 된다. 경치가 좋은 숲속에 앉아서 호흡명상을 하거나 걷기명상을 하면 마음이 평화롭고 안정된다. 숲과 같은 자연 속에서의 명상은 명상의 효과와 자연의 혜택을 함께 누리는 것이다.

숲길을 맨발로 걸으면서 발바닥의 느낌에 집중하는 명상을 할 수 있다. 또 신발을 신은 상태에서 한적한 숲길을 자유롭게 걷는 과정에서 신진대사가 활발해지고 피톤치드, 음이온, 산소가 풍부한 공기를 들이마시게 되고 숲속의 녹색 잎을 보거나 푸른 하늘을 바라봄으로 서 몸과 마음이 이완되고 안정되는 경험을 가질 수 있다(안희영, 이건 호, 2013).

자연 속에서 자연과 하나가 되어 자연이 하는 말을 잘 들어 보는 것은 내 안의 '참나'를 만나는 것이다. 지금 바람에 흔들리는 저 나무 가 무슨 말을 하는지, 지금 흐르는 개울물이 나에게 무슨 말을 하는지 를 상상해서 들어 볼 수 있다.

다음은 중독상담 프로그램에 참여한 사람이 개울물이 흐르는 산 에서 명상할 때 느낀 내용이다.

> 산에 소나무들이 각자 최선을 다해 살아가는 모습을 보 고, 나도 최선을 다해야겠다는 생각을 하였다. 개울물이 흐르는 소리를 듣고 모든 것이 시간과 더불어 흘러간다는 것을 알았다. 지금 나의 고통과 힘든 것도 시간이 흐르면 변한다는 것을 알고 위안이 되었다. 산들바람이 내 얼굴 을 스치면서 나를 위로하였다.

중독자를 대상으로 숲속에서 걷기명상 프로그램을 진행할 때는 발바닥의 느낌에 집중하면서 숲속을 걷게 하고 숲속의 풍경을 있는 그대로 보고 듣고 냄새를 맡게 하면서 자기의 느낌을 주시하게 한다.

숲속에서의 명상은 중독자 집단으로만 구성할 수도 있고 중독자 와 가족이 함께 명상에 참여할 수도 있다. 2박 3일 혹은 일주일 정도의 명상수련을 통해 자기를 성찰하면서 마음의 평화와 용기를 얻을 수 있다. 명상의 진행자가 상담자이면서 명상 훈련의 지도 경험이 있으면 효과가 더 크다.

자연 속에서 진행되는 프로그램은 호흡명상, 경행, 좌선, 자연 속에서의 마음챙김, 집단상담, 개인상담 등으로 구분하여 시행할 수 있다. 집단상담은 명상을 하면서 느낀 체험이나 개인적인 어려움 등에 대하여 질문하고 답하는 것으로 진행할 수 있다. 개인상담 시간에는 명상을 하면서 느꼈던 경험이나 평소에 고민하고 있는 개인적 문제를 더 깊이 다루게 된다.

개울물

지금
이곳에
다만 흐를 뿐

17
자비명상

자비명상이란 무엇인가

자기의 마음이 사랑과 자비의 에너지로 뜨거워지면 가족이나 주변 사람에게 따스함이 전달된다. 자비명상은 자기의 결점이나 단점, 자기의 과거나 상황을 있는 그대로 받아들이고 사랑하는 것이다. 또한 타인의 입장도 있는 그대로 보고 받아들이는 것이다. 자비명상은 자기를 사랑과 자비의 에너지로 가득 채우고 타인에게 사랑과 자비의 빛을 보내는 것이다.

자비명상의 자비(慈悲)란 중생의 행복을 바라는 자(慈)와 중생이 고통에서 벗어나기를 바라는 비(悲)의 복합어다. 이타적 태도인 자비명상은 결국 자신을 더 행복하게 한다. 어머니가 하나밖에 없는 자식을 사랑하는 마음을 모든 중생에게 확장하여 일체중생을 사랑하는 마음이 자비명상이다(안양규, 2014).

자기 마음을 긍정적인 에너지로 채우고 표현함으로써 자신뿐만 아니라 듣는 사람의 마음을 안정시키며 행복감을 느끼게 한다. 자비명상은 자기와 다른 사람에게 긍정적 에너지를 선물하는 것이다. 물론 가장 큰 선물을 받게 되는 사람은 본인이다.

대부분의 중독자는 어린 시절 건강하지 못한 부모나 가족의 영향을 받아 자기 마음 그릇이 어둡고 탁한 에너지로 채워져 있어 세상을 부정적으로 비추어 본다. 이때 자비명상을 반복하면 점차 마음이 맑고 따스해지면서 긍정적 상태로 변하게 된다.

불교 경전에는 자비명상을 하면 11가지 이익이 있다고 한다. 첫째, 편안히 잠들게 된다. 둘째, 상쾌하게 깨어난다. 셋째, 악몽을 꾸지 않는다. 넷째, 사람들의 사랑을 받는다. 다섯째, 천신과 동물이 사랑한다. 여섯째, 천신이 보호해 준다. 일곱째, 불이나 독, 무기의 해를 입지 않는다. 여덟째, 얼굴에서 빛이 난다. 아홉째, 마음이 평온하다. 열째, 임종 시에도 마음이 평안하다, 열한 번째, 죽어서 천상에 태어난다(안양규, 2014).

자비명상은 자신을 사랑하는 것부터 시작한다. '참나'가 스스로 객관화하여 먼저 자기에게 사랑을 보내는 것이다. 다음으로 가까운 사람이나 중립적인 타인에게, 마지막으로 자신에게 상처를 준 사람마저 고통이 사라지고 행복하기를 바라는 것이다.

자비명상은 편안한 자세로 눈을 감고서 마음속으로 반복하거나 소리 내어 말한다. 자기에 대한 자비명상은 자기를 떨쳐놓고 하는 것으로 마치 자기 자신을 제3자처럼 보면서 자비의 마음이 깊이 우러날 때까지 여러 차례 반복한다(김정호, 2014). 집단에서 자비명상을 할 때

는 다 함께 손을 잡고서 다음과 같은 내용을 한 구절씩 집단원이 반복
해서 음송하거나 네 구절을 동시에 반복해서 음송할 수 있다. 자비명
상은 진솔하며 간절한 마음으로 해야 한다.

자비명상의 예는 다음과 같다.

내가 고통이 사라지기를 바랍니다.

내가 욕심이 사라지기를 바랍니다.

내가 건강하기를 바랍니다.

내가 행복하기를 바랍니다.

다음은 자신의 부모님에 대한 자비명상을 할 수 있다.

나의 아버지가 고통이 사라지기를 바랍니다.

나의 아버지가 욕심이 사라지기를 바랍니다.

나의 아버지가 건강하기를 바랍니다.

나의 아버지가 행복하기를 바랍니다.

나의 어머니가 고통이 사라지기를 바랍니다.

나의 어머니가 욕심이 사라지기를 바랍니다.

나의 어머니가 건강하기를 바랍니다.

나의 어머니가 행복하기를 바랍니다.

자신이 잘 모르는 어떤 사람에게도 자비명상을 할 수 있다.

그 사람의 고통이 사라지기를 바랍니다.

그 사람의 욕심이 사라지기를 바랍니다.

그 사람이 건강하기를 바랍니다.

그 사람이 행복하기를 바랍니다.

마지막으로 자신에게 상처를 준 사람이 있다면 그 사람에 대하여
자비명상을 한다.

그 사람의 고통이 사라지기를 바랍니다.

그 사람의 욕심이 사라지기를 바랍니다.

그 사람이 건강하기를 바랍니다.

그 사람이 행복하기를 바랍니다.

중독자에 대한 자비명상

자비명상을 경험한 어느 회복자는 자신을 가둔 어두운 마
음에서 벗어 나온 느낌과 남을 사랑하는 것이 나를 편하
게 할 수 있다는 것을 새삼 깨달았다고 하였다.

회복 중인 중독자가 가진 부정적 에너지는 자신뿐만 아니라 타인
까지 힘들게 한다. 자비명상은 중독자의 내면에 있는 좋은 에너지를
활성화시켜 자신과 주변 사람의 마음을 따스하게 한다. 회복 중인 중

독자가 자기로부터 시작하여 가까운 사람, 원수까지 고통을 벗어나 행복하기를 비는 자비명상을 함으로써 주변이 따스해지며 사랑의 향기가 난다.

자비명상을 함으로써 개인은 주의집중이 잘되고, 마음이 안정되며, 분노감이 사라지고 다른 사람에 대한 사랑의 마음이 일어나게 된다.

'말이 씨가 된다.'는 속담이 있다. 이는 말이 가진 에너지가 어떤 결과를 만들어 낸다는 것이다. 자신과 타인이 행복하기를 간절히 바라면 그대로 이루어질 가능성이 높다. 나와 가족, 타인의 고통이 사라지고 행복하기를 바라면서 자기에게 상처를 준 사람에게 애써 자비를 비는 명상을 반복하면 분노와 불안과 같은 부정적 에너지가 줄어들고 사랑과 자비와 같은 긍정적 에너지가 활성화되면서 자기뿐만아니라 주변의 분위기를 따뜻하고 편안하게 할 수 있다.

자비명상은 자기 안에 있는 분노와 욕심, 집착을 벗어버리는 데 큰도움이 된다. 타인에 대한 원망이나 분노 대신에 사랑과 용서를 빌고표현하기 때문에 마음이 안정되고 회복에 대한 동기가 일어난다.

중독자를 대상으로 자비명상 프로그램을 할 때는 호흡명상을 한후에 지금 자기의 마음을 주시하면서 가능한 한 크게 말하는 것이 좋다. 자기와 다른 사람이 행복하기를 바라는 것을 집단원에서 크게 말하는 것은 자신의 행동을 변화시키는 힘이 된다. 자비명상을 하면서도 속으로는 자신과 다른 사람에 대한 사랑의 마음이 없을 수도 있는데 그럴 때에는 그런 마음을 그대로 주시하면 된다.

회복 중인 중독자는 다음과 같은 말로 자비명상을 할 수도 있다.

나는 이제 건강을 되찾았습니다.

나는 이제 올바른 삶의 태도를 가지게 되었습니다.

나는 이제 자신을 사랑하기 시작하였습니다.

나는 이제 나에게 상처를 준 부모님을 용서하였습니다.

나는 이제 나에게 상처를 준 사람들을 용서하였습니다.

나는 이제 가족이나 다른 사람을 잘 배려하며 지내고 있습니다.

나는 지금 가정과 직장에서 내 역할을 잘 수행하고 있습니다.

나는 이제 성공하여 사회에서 잘 살아가고 있습니다.

나는 이제 행복합니다.

꽃동네 알코올 치료공동체에서는 회복 중인 중독자를 대상으로 자비명상을 활용하고 있다. 프로그램에서는 매 회기에 몸에 대한 마음챙김을 실시하고 자기 문제와 관련된 질문과 답을 하며 마지막으로 약 20분 정도 자비명상을 실시한다. 회복 중인 알코올중독자를 대상으로 자비명상 프로그램을 실시한 결과, '주의집중이 잘된다.' '마음이 편해졌다.' '기분이 좋다.' '부모님을 이해하게 되었다.' '나를 괴롭힌 사람에 대한 이해심과 연민의 감정이 일어났다.' 등의 긍정적인 반응을 볼 수 있었다. 자비명상은 긍정적 감정을 증진시키며 대인 관계를 좋게 하여 중독자가 회복을 잘 유지하게 한다.

18
회복 중인 중독자와 가족에 대한
명상의 활용

어떤 회복자는 집단상담에서 '오늘 옆 사람과 말하면서
심한 분노가 일어났지만 지금 내가 화가 나 있구나 하고
알아차리니 마음이 진정되었다. 이전 같으면 곧바로 술
을 마시러 갔을 테지만 마음을 알아차린 후 다른 기분 좋
은 생각이나 일에 집중하기로 했다.'고 자신의 경험을 말
했다.

기독교에서는 명상을 관상이나 묵상, 향심이란 표현으로 자주 사
용한다. 관상은 마음이 중심이 되는 것으로 하느님과 일치되어 하느
님의 현존을 경험하는 것이다. 묵상은 정신 집중의 지적인 면이 강하
며 성경을 읽고 하느님의 말씀을 생각하며 기도하는 것이다. 향심은
말이나 이미지 또는 어떤 기대 없이 하느님에게 자신의 마음을 여는
것이다. 향심은 성경 독서에 기반을 둔 것이 대표적이다(불교와 사상의

219

학연구회, 2013). 명상은 특정한 종교를 떠나 모든 인류가 가지고 있는 최고의 심리적 활동이다. 회복 중인 중독자가 자기에게 맞는 명상이나 관상 혹은 묵상을 하는 것은 회복에 도움이 된다.

주의집중력이 저하되어 일반적 명상이 어려운 회복 초기의 중독자에게는 간단한 요가 동작을 반복하게 하거나 자기 몸의 감각을 알아차리는 명상을 적용할 수 있다. 몸 풀기와 같은 간단한 동작을 반복하는 것은 마음을 이완시키고 주의를 집중하는 데 도움을 준다.

호흡명상은 회복 중인 중독자가 쉽게 사용할 수 있는 명상의 하나다. 처음에는 아침에 일어나서 20분 정도 호흡에 집중하거나 밤에 잠들기 전 20분 정도 일정한 시간과 장소에서 하는 것이 좋다.

몸, 동작의 명상

몸 풀기

기지개 켜기, 짝짜꿍, 도리도리 등 여러 가지 단순한 몸짓을 반복하면 주의집중력이 향상되고 몸과 마음이 이완된다. 중독자를 대상으로 하는 교육이나 상담 프로그램을 진행할 경우 프로그램 시작 전에 간단한 동작을 반복하면 중독자의 마음이 안정되고 집중력이 높아져서 프로그램 진행에 도움이 된다.

단전 두드리기

단전 두드리는 것을 반복하면 마음이 이완되고 주의집중력이 높아지며, 중독자의 갈망을 줄어들게 한다. 단전은 우리 몸에 흐르는 기의 중심이기 때문에 단전 부위를 3백 번 이상 두드리면 마음이 안정되고 주의집중력이 높아진다. 자기 몸의 느낌을 알아차리면서 단전을 두드리면 효과가 더 있다.

요 가

단순한 요가 자세를 반복하면서 몸의 느낌을 알아차리는 마음챙김을 할 수 있다(Shapiro & Sprague, 2012). 특히 사진에 제시된 요가자세들은 중독자의 각성과 자기조절력을 향상시켜 회복에 도움을 준다. 사진에 제시된 각각의 자세들을 3분 정도 지속해야 한다. 가능하면 사진의 순서대로 요가 동작을 하면서 자기의 몸이나 호흡의 상태 등을 알아차리는 것이 좋다. 요가 동작을 꾸준히 반복하면 몸이 이완되며 자기주시력이 강해지고 자기조절력도 향상된다.

요가 지도자는 회복 중인 중독자가 요가 자세를 취하는 데 어색해하더라도 포기하지 않고 계속할 수 있도록 격려해야 한다. 자신이 할 수 있는 요가 자세를 선정해서 오랜 시간 지속하는 것도 중독으로부터의 회복에 도움이 된다.

1. Paschimottanasana 파스치모타나아사나

2. 헌자세

3. Bhujangasana 부장가아사나 – 코브라 자세

4. Parivrtta Trikonasana 파리브라타트리코나아사나 – 삼각비틀
기 자세

5. Halasana 할라아사나 – 쟁기자세

6. Salamba Sarvangasana 사람바사르반가아사나 – 어깨 쓰기 자세

7. Savasana 사바아사나 – 송장 자세

만트라, 행위 반복하기

긍정적인 말이나 특정한 행동을 반복하는 것은 마음을 안정시킨다. 회복 중인 중독자가 "나는 행복하다." "은총이 가득하신 마리아여." "주님은 나의 목자, 아쉬울 것 없노라." "일체유심조." "이 또한 지나가리라." "저 사람도 본성은 부처다." "감사합니다." 등의 성구나 시, 좋은 말을 반복할 수 있다. 개인에 따라 자신이 편안하고 말하기 쉬운 내용의 만트라를 반복하는 것이 좋다.

개인이 자신에게 '감사합니다.' '용서바랍니다.' '미안합니다.' '사랑합니다.' 등의 말을 반복하는 것은 자신의 에너지를 긍정적으로 바꿀 수 있을 뿐 아니라 타인에게도 긍정적 변화를 미쳐 삶을 좀 더 행복하게 한다(Vitale, & Len, 2008). 말은 에너지이며 씨가 된다. 좋은 말을 반복하는 것은 좋은 씨를 자주 심는 것으로 그 개인이 풍성한 열매를 많이 맛볼 수 있게 한다.

수 짜기, 십자수 하기, 종이접기 등 단순한 행동을 반복하는 것도 마음을 이완시키고 스트레스를 줄이는 데 도움이 된다. 바느질을 반복하면서 자신의 행동을 알아차리는 것 또한 좋은 마음챙김의 하나다. 어떤 일을 반복하면서 자신의 행동과 느낌을 알아차리면 스트레스가 사라지고 마음이 안정되는 등 명상의 효과가 있다.

몸 알아차림

> 회복자 J씨는 회복 과정에서 '내 몸의 주인인 내가 나의 몸을 노예 부리듯이 하며 살아왔다. 어떻게 그럴 수 있었는가?' 하는 자각이 생겼고 지금은 자신의 몸 상태에 수시로 관심을 갖고 몸의 느낌을 알아차리고 있다고 하였다.

회복 중인 중독자는 자기 몸을 움직이는 활동에는 비교적 흥미를 가지고 잘 따르는 편이다. 몸은 마음이 겉으로 드러나는 것이기 때문에 회복 초기의 중독자는 몸을 알아차리고 표현하는 연습부터 시작하는 것이 좋다.

자기 몸의 느낌을 관찰하는 몸 알아차림 명상은 마음의 이완과 안정을 준다. 누울 수 있는 장소가 있으면 누워서 자기 몸의 상태를 알아차리는 것이 좋지만 앉은 자세에서도 몸 명상을 실시할 수 있다.

편안한 마음으로 머리끝에서 발끝까지 자기 몸의 각 부위를 잘 관찰하는 것이 중요하다.

눈에 드러나는 자기 몸의 느낌부터 잘 주시할 수 있어야 내면의 감정이나 생각도 주시할 수 있다. 몸에 대한 마음챙김은 신체를 이완시켜 면역력을 강하게 하여 건강에 도움을 주고 마음을 평온하게 한다.

몸 알아차림 명상은 머리끝에서 발가락까지 자기 몸의 상태를 잘 살펴보고 몸의 감각을 느끼는 것이다. 먼저 심호흡을 한 다음 바닥에 닿아 있는 신체 부위의 촉감을 느껴 본다. 바닥이 단단한지, 폭신한지, 부드러운지, 차가운지, 따스한지 등을 느낀다. 각 부위는 30초 정도로 한다(시간은 짧게는 15초 길게는 1분 정도 가능하다). 먼저 정수리 부위의 감각을 느낀다. 다음에는 오른쪽 눈의 느낌을 느껴 본다. 그리고 왼쪽 눈, 코, 입, 귀, 목, 어깨, 가슴, 허리, 엉덩이, 허벅지, 종아리, 발바닥, 발가락 등으로 마음을 모아서 느끼는 것이다. 도중에 어떤 생각이나 감정이 일어났다가 사라지면 그것도 있는 그대로 알아차린다. 자기 몸의 상태를 위에서 아래로, 아래에서 위로 살펴보는 것을 반복함으로써 마음이 편안해진다.

동작에 대한 마음챙김은 동작 하나하나를 알아차리면서 몸을 움직이는 것이다. 무용치료에서는 걸을 때 발바닥의 뒤꿈치가 먼저 바닥에 닿도록 한다. 걸으면서 발의 느낌을 알아차리기, 몸을 크게 이완하였다가 움츠리기 등으로 자기 몸의 느낌을 자각하면서 자기 감정 상태를 알아차리게 한다. 자기의 감정 상태가 어떤지 몸을 통하여 깨닫고 표현하는 무용치료는 회복 중인 중독자에게 흥미를 주면서, 마음을 안정시키고, 자신을 잘 이해하고 사랑하는 데 도움이 된다.

호흡명상

호흡명상

자기의 호흡을 주시하고 집중하는 것이 호흡명상의 기본이다. 호흡명상은 어디에서든 쉽게 사용할 수 있다. 주로 방바닥이나 의자에 앉아서 실시하지만 누워서도 할 수 있고 일상에서 생활하면서도 할 수 있다.

호흡명상을 한다는 것은 지금 자신의 호흡 상태가 어떤지를 알아차리는 것이며 숨의 들이킴과 내쉼을 알아차리는 것, 숨을 잠시 멈출 땐 멈추고 있음을 알아차리는 것이다. 또 나아가 자신의 호흡이 약한지 강한지, 깊은지, 얕은지, 긴지, 짧은지 등을 알아차리는 것이다. 호흡에 집중할수록 더 명료하게 호흡의 변화를 알아차릴 수 있다. 호흡을 자연스럽게 알아차린 다음에 필요한 경우 호흡을 고르고 길게 조절할 수 있다.

초보자의 경우 손을 아랫배에 올려놓고 호흡할 때마다 어떤 일이 일어나는지를 알아차린다. 다음에는 가슴에 손을 올려놓고 가슴이 호흡할 때 어떻게 움직이는지 알아차린다. 또한, 코끝에서 호흡할 때 어떤 감각이 있는지를 알아차리며 들숨과 날숨에서 느껴지는 각각의 감각을 알아차린다(McGonigal, 2014).

숨을 깊이 들이 마셨다가 천천히 내쉬는 것을 연습하는 것도 좋다. 호흡하는 도중에 어떤 생각이 떠오르면 '생각이 떠오르는구나.' 하고 알아차린다. 그리고 다시 호흡에 집중한다. 호흡명상이 잘될수록 호흡이 더 깊어지고 느려지며 마음이 편안해진다. 단 3분이라도 호흡명상을 하는 것이 마음의 안정에 도움이 된다. 가능하면 적어도 20분 정도 지속하는 것이 좋으나 힘들면 시간을 나누어 반복하면 된다. 숨을 내쉴 때마다 내쉬는 것을 알아차리는 것부터 시작해도 된다. 코끝이나 배의 움직임에 집중하여 숨을 내쉴 때에 집중해야 한다. 들숨, 날숨 등의 명칭으로 부르는 것도 도움이 된다.

수식법

수식법(數息法)은 호흡을 하면서 하나부터 열까지 혹은 하나부터 다섯까지 숫자를 세는 것이다. 수식법은 들이쉬는 숨을 세거나 내어쉬는 숨을 세거나 둘 중 하나를 선택하면 된다. 수식법을 하면서 다른 생각이 떠오르거나 자기 몸에서 어떤 감각을 느끼면 그것을 알아차리고 다시 호흡에 집중한다.

수식법에 대한 지시는 다음과 같다. "호흡에 집중하십시오. 숨을 내쉴 때마다 숫자를 붙이면 됩니다. 숨을 내쉴 때 하나, 둘, 셋 이렇게 열까지 헤아리는 것입니다. 숨을 쉬다가 다른 생각이 나면 그 생각에 휩싸이지 말고 다시 호흡에 집중하십시오. 숨을 내쉬면서 하나, 둘, 셋, 넷, 다섯, 여섯, 일곱, 여덟, 아홉, 열, 하나, 둘, 셋……." 이때 지도자는 자연스럽게 숨을 쉬도록 안내한다. 수식관은 마음을 편안하게 하며 주의를 집중하는 데 아주 효과가 있다.

좌선명상

좌선명상은 앉아서 하는 명상이다. 편안하게 바닥에 앉거나 혹은 의자에 앉아서 할 수 있다. 바닥에 앉아서 하는 경우 엉덩이 쪽에 2~3cm 높이의 방석을 깔면 자세가 좀 더 편안해진다. 다리 자세는 결가부좌나 가부좌가 좋다. 결가부좌는 오른쪽 발을 왼쪽 넓적다리에 올려놓고 왼쪽 발을 오른쪽 넓적다리에 놓는다. 명상을 하다가 다리가 아프면 발을 바꾸어 앉아도 된다. 손은 손바닥이 위로 오도록 해서 무릎 위에 올리거나 왼손을 오른손 위에 올려놓고 양 엄지손가락을 서로 맞대어서 타원형으로 감싼다. 허리를 쭉 편 다음에 몸을 앞뒤로 서너 번, 좌우로 서너 번 흔들어서 균형을 잡는다. 몸의 중심

은 단전에 둔다. 귀와 양 어깨는 가지런히 하고 코와 배꼽은 일직선이 되어야 한다. 좌선명상에서 가장 중요한 것은 척추를 똑바로 세우는 것이다.

집중이 되면 눈은 감는 것이 좋다. 또는 반 정도 눈을 감은 채 시선을 앞바닥의 1~2m 정도에 두어도 된다. 혀는 입천장에 가볍게 대고 치아는 가볍

게 문다. 얼굴은 편안하고 행복한 미소를 짓는다. 숨은 코로 편안하게 쉰다.

호흡명상, 참선이나 촛불 등에 집중하는 집중명상 등은 일정한 장소에서 시간을 정해 놓고 하는 것이 편하고 효과가 있다.

입선명상

서서 하는 명상으로 자신이 서 있음을 알아차리는 것이다. 두 발을 몸과 직각이 되도록 하여 어깨너비로 벌리고 선다. 손은 앞으로 모아 쥐거나 뒷짐을 진다. 눈은 감는 것이 좋다. 호흡은 코에 집중해도 되고 배에 집중해도 된다. 배에 집중할 경우 배가 부풀고 꺼지는 것을 알아차린다. '일어남'이나 '사라짐'이라는 이름을 붙여서 마음챙김할 수 있다. 배에 통증이 있거나 간지러움과 같은 감각이 일어나면 그것에 이름을 붙이고 마음챙김할 수 있다.

오감을 활용한 명상

회복 중인 중독자는 처음부터 명상에 집중하기가 어렵기 때문에 종소리를 듣거나 촛불에 집중하는 등 오감을 활용하는 명상을 할 수 있다. 종을 울려 소리에 집중하게 한 후 몇 번 울렸는지 알아맞히거나 어떤 색깔에 집중하는 식으로 명상하는 것이다.

해바라기 씨 명상 프로그램

중독자의 변화 동기를 강화시키기 위해 해바라기 씨 명상을 실시할 수 있다. 참여자에게 해바라기 씨를 하나씩 건넨 다음에 3분간 호흡명상을 실시한다. 그리고 진행자는 다음과 같은 질문을 하여 중독자가 자기를 성찰하고 힘을 얻게 한다.

- 지금 이 해바라기 씨가 오늘 여러분을 만나기까지 얼마나 많은 사람의 노력이 있었을까요?
- 이 해바라기 씨가 꽃을 피우기 위해서는 어떤 것들이 필요할까요?
- 해바라기 씨가 꽃을 피우지 못하는 가장 큰 이유가 무엇일까요?

진행자 TIP

대부분의 중독자는 자기에 대하여 부정적 관념을 가지고 살아간다. 진행자는 회복 중인 중독자에게 자신의 잠재력을 발현하지 못하게 방해하는 가장 큰 장애가 '나는 될 수 없다.'와 같은 자기가 만든 신념이나 생각임을 알게 한다. 자신이 회복할 수 있고 성공할 수 있다고 믿어야 회복하여 성공한 삶을 살 수 있기 때문에 지금까지 중독에 빠져 살게 했던 자신의 왜곡된 생각을 알아보게 하고, 올바른 생각을 하도록 하여, 회복에 자신감을 갖게 하며 자기가 가진 능력을 발휘할 수 있도록 이끌어야 한다.

진행자는 해바라기 씨가 해바라기 꽃을 피우지 못하는 가장 큰 이유는 자신이 해바라기 꽃이 될 수 있다는 생각을 하지 않았기 때문임을 알게 한다.

일상생활에서의 명상

알아차리면서 먹기 명상

회복에서 가장 중요한 것은 일상에서 일어나는 자기 몸의 느낌과 생각, 감정을 주시하는 것이다.

쉽게 사용할 수 있는 예는 음식을 먹으면서 먹는 행위를 알아차리는 것이다. 알아차리면서 먹기 명상은 식사 중 5분에서 10분 정도, 혹은 식사하는 시간 내내 몸의 감각이나 행동을 알아차리는 것이다.

숟가락을 들고 입에 가져가고 씹고 맛을 느끼며 목에 넘기는 것을 알아차린다. 식사하면서 자신의 시각, 촉각, 청각, 후각, 미각 등의 모든 감각에 집중함으로써 마음이 편안해진다. 자신이 먹을 음식을 바라보면서, 소리를 듣고, 냄새를 맡고, 손의 촉각과 입안의 촉감을 느껴 보고, 맛을 느낀다(Shapiro & Sprague, 2012).

먹기명상에서 중요한 것은 먹는 행위에 집중하여 그냥 느껴 보는 것이다. 먹기 명상은 어떤 음식을 대상으로 해도 되지만, MBSR(마음챙김 기반 스트레스 감소 프로그램, Mindfulness Base Stress Reduction program)에서는 주로 건포도를 사용하여 먹기 명상을 한다. 건포도는 촉각과 후

각, 미각 등을 잘 느낄 수 있는 장점이 있다. 우선 건포도를 손바닥에 하나 올려놓고 어느 정도의 무게가 있는지를 느껴 본다. 그리고 손바닥에서 촉감을 느껴 본다. 다음에는 냄새를 맡는다. 냄새가 어떠한지를 그냥 느낀다. 그리고 귀에 대고 어떤 소리가 나는지를 느껴 본다. 입에 넣을 때도 처음에 입술에 대었다가 입안에 넣고 천천히 씹으면서 어떤 느낌이 일어나는지를 주시한다.

걷기명상

걷기명상은 경행 혹은 행선(行禪)으로 부른다. 걷기명상은 걸을 때 발바닥의 감각이나 느낌을 알아차리는 것에 관심을 둔다. 걷고 있을 때 일어나는 마음과 발을 들 때, 움직일 때, 놓을 때 발의 움직임을 알아차린다. 다음에는 발을 옮길 때 자기 몸의 다른 부위의 감각이나 마음에서의 변화가 있으면 그것도 알아차린다.

방이나 마루에서는 맨발로 걷는 것이 좋고 실외에서는 가능한 한 운동화를 신고해야 발의 감각을 잘 느낄 수 있다. 조용하고 다른 사람으로부터 방해받지 않는 곳이면 된다. 적어도 10m 정도 혹은 열 걸음 이상 걸을 수 있는 장소면 된다.

우선 발에 균형을 잡고 편안하고 자연스럽게 선다. 양손을 자연스럽게 떨어뜨리든지, 혹은 허리 뒤로 두 손을 잡고 가든지, 두 손을 배 위에 포갠다.

걷기명상은 서 있는 것부터 걷는 모든 과정을 알아차리는 게 중요하다. 숨을 천천히 내쉬면서 비교적 짧은 보폭으로 오른발을 바닥에서 들어 올리는 것을 알아차린다. 발을 앞으로 내미는 것을 알아차리고, 바닥에 발바닥이 닿는 것을 알아차리면서 한 걸음을 걷는다. 발은 발뒤꿈치부터 바닥에 닿게 한다.

다음에 숨을 내쉬면서 왼발을 바닥에서 들어 올리는 것을 알아차리면서 들어 올리고, 앞으로 내미는 것을 알아차리며 내밀고, 바닥에 닿는 느낌을 알아차리고 바닥에 닿게 한다. 발을 들어 올릴 때는 발뒤꿈치부터 발바닥, 발가락 순으로 천천히 들어 올린다. 걷는 중에 다른 생각이 떠오르면 알아차리고 호흡에 집중한 다음에 다시 발을 들고 움직이고 내리면서 알아차린다. 경행에서는 '발을 든다' '놓는다' 등 2단계로 자기 발의 느낌을 알아차릴 수 있다. 걸으면서 잠시 서 있게 될 때는 서 있음을 알아차린다. 걸으면서 다른 생각이 들거나 하면 다른 생각이 든다는 것을 알아차리고 다시 발바닥의 감각에 집중한다.

회복 중인 중독자를 대상으로 하는 걷기명상은 보폭을 짧게 천천히 걸으면서 발의 뒤꿈치부터 먼저 바닥에 닿도록 하며 발바닥의 감각을 알아차리게 하는 것이 좋다. 걷기명상은 중독자가 자기의 감각을 일깨우면서 마음의 안정을 갖게 한다. 중독자가 자신의 감각을 잘 알아차릴수록 편안해지며 조절력이 증가된다.

걷기명상은 좌선명상 사이에 하기도 하며 좌선명상을 하면서 잠이 오거나 피곤할 때 하기도 한다. 걷기명상과 좌선명상은 일대일 비율로 실시하는 것이 좋다.

일상에서 일어나는 몸의 느낌, 감정, 생각을 알아차림

일상에서 알아차림 하는 것이 명상의 궁극적인 목적이다. 일상에서 자기의 신체 감각이나 감정, 생각이 일어나면 그냥 일어나는 것을 편안하게 주시한다. 일상에서도 자신의 호흡을 알아차리는 것이 기본이 된다.

아침에 일어나면 옷을 입는 것, 양치질하는 것, 세수하는 것, 밥을 먹는 것, 걸어가는 것 등의 일상에서 자신의 행동을 명료하게 알아차린다. 일상에서 분노나 불안, 수치심 등의 감정이 일어나면 그것에 대해 어떤 판단을 하지 않고 그냥 알아차리는 것이다. 지금 여기에서 몸의 감각과 감정, 느낌, 생각, 행동 등을 있는 그대로 알아차리면 된다.

회복 중인 중독자는 알코올이나 마약을 오래 사용해서 감정이나 감각에 대한 알아차림이 둔화되었기 때문에 우선 일상에서 활동할 때 자기 몸의 느낌을 알아차리는 것부터 시작하는 것이 좋다. 신체의 어느 부위에서 어떤 감각이 느껴지면 그대로 주시하는 것이다. 어떤 느낌이 일어나고, 사라지는 것을 어떤 판단도 하지 않은 채 그냥 그대로 알아차리는 것이다. 잠시 멈추어 단 1분간이라도 자기의 몸이나 호흡, 행동과 마음을 알아차리는 것만으로도 마음이 안정된다.

고통스러울수록 마음챙김을 더 잘해야 한다. 감정의 파도가 일어났다가 사라지는 것을 분리주시할 수 있으며 마음이 편안해지며 감정에 덜 집착하게 된다. 지금 자기의 마음속에 분노감정이 일어난다면 분노감정이 일어났음을 그대로 알아차린다. 자기의 마음속에 성적 욕구가 일어났다면 '성욕이 일어났구나.' 하고 그대로 알아차리는 것이다. 지금 자신에게 무엇이 더 중요하며 무엇을 먼저 해야 할지를 알지 못하면 그 마음도 그대로 주시하면 된다. 또 남에게 의존하고 매달리고 싶은 마음이 일어나면 그것도 그대로 알아차린다.

알코올이나 마약에 대한 갈망뿐만 아니라 지금 자기에게 일어나는 모든 느낌과 감정을 알아차리면 갈망이나 느낌, 감정이란 과거 인연으로 잠시 왔다가 사라지는 에너지의 흐름임을 알게 된다.

자기의 마음을 잘 알아차리면 그 마음의 일어남에 덜 불안해지고 잘 조절할 수 있다. 수치심이 일어나는 순간 '수치심이 일어났구나.' 하는 것을 알아차리게 되어 마음이 안정되고, '술 마시고 싶구나.' 하는 것을 알아차리게 되면 술 먹고 싶은 욕구가 줄어든다. 중독으로부터 회복하기 위해서는 술이나 마약으로 자기를 위로하기보다는 중독 행동을 하려는 마음을 알아차리고 수용하는 것이 습관화되어야 한다.

자기의 마음을 알아차리면 자기가 만든 생각의 틀이 자신을 힘들게 하는 것을 자각할 수 있다. '지금—여기' 있는 그대로의 자기를 받아들이면 편안하다. 그러나 대부분의 사람은 '나는 이런 생각을 해야 한다.' '저 사람은 나를 이렇게 대해야 한다.' '세상은 이래야 되는데'와 같은 자기 기대와 생각의 틀로 세상이나 사람을 보기 때문에 그대로 이루어지지 않았을 때 괴로움을 느끼게 된다. '지금 나의 기대나 생각은 이런데 상대는 나와 다르게 생각하는구나.' '현실은 이렇구나.' 하는 것을 알아차리고 수용하면 분노나 실망감, 우울, 고통 등의 감정이 줄어든다. '내가 바라는 것과 저 사람이 생각하는 것 간에 차이가 있구나.' 하고 인정하면 마음이 좀 더 편안해지고 대인 간의 갈등이 줄어든다.

구용구사를 통한 마음챙김

　조선시대의 율곡 이이와 퇴계 이황 등의 학자는 제자들에게 행동과 태도에 대한 마음챙김을 가르쳤다. 특히 율곡 이이는 행동에 대한 알아차림을 강조하였는데, 이는 현대사회의 중독 예방과 회복 유지를 위한 방법으로 응용할 수 있다. 병원에 입원 중인 알코올중독자를 대상으로 구용구사(九容九思)를 활용한 결과 치료 효과가 증진된 것으로 보고되고 있다(김갑중, 김종성, 2006). 율곡 이이가 당시 청소년의 교육에 사용되었던 『격몽요결』에서 언급한 구용구사는 마음챙김의 한 방법이다. 구용구사는 구체적인 행동과 태도, 생각을 바꾸고 조절하는 것이 대인관계를 잘하고 사회에 잘 적응하는 데 도움이 되는 것을 가르친 것이다.

　구용구사는 행동과 생각의 조절을 구체화한 것이며, 자기의 몸과 마음에 대한 자기주시로 볼 수 있다. 구용은 지금 자신의 자세가 어떤지를 점검하여 알아차리는 것이고, 구사는 지금 자신이 하고 있는 생각을 알아차리는 것이다. 일상에서 척추를 똑바로 세우는 것이 구용과 구사를 잘할 수 있는 기본이 된다. 몸이나 자세를 바로잡는 것은 마음을 올바르게 하며 자신감을 갖게 한다. 지금 자기의 자세와 생각이 어떤지를 점검하고 이를 조절하는 연습은 집중력을 높이고 대인 관계를 잘하는 데 도움이 된다.

구용

머리는 똑바르게 해야 한다(頭容直).

눈은 바르게 해야 한다(目容端).

숨소리는 맑게 해야 한다(氣容淑).

입은 신중하게 해야 한다(口容止).

소리는 조용하게 해야 한다(聲容靜).

얼굴빛은 장엄하게 해야 한다(色容靜).

손은 공손하게 해야 한다(手容恭).

발은 무겁게 해야 한다(足容重).

서 있는 모습은 의젓해야 한다(立容正).

구사

눈으로 볼 때는 밝고 바르게 보겠다고 생각한다(示思明).

귀로 들을 때는 그 소리의 참뜻을 밝게 들어야겠다고 생각한다(青思聰).

표정을 지을 때는 온화하게 해야겠다고 생각한다(色思溫).

몸가짐이나 옷차림은 공손해야겠다고 생각한다(貌思恭).

말할 때는 참되고 거짓 없이 해야겠다고 생각한다(言思忠).

어른을 섬길 때는 공경스럽게 해야겠다고 생각한다(事思敬).

의심나고 모르는 것이 있으면 물어본다(擬思問).

분하고 화나는 일이 있으면 어려움에 이르지 않을까를 생각한다
(忿思難).

자기에게 이로운 것이 있으면 그것이 정당한가를 생각한다(見得
思義).

명상 연습하기

> 치료공동체에서 6개월째 회복 중인 K씨는 명상수련을 통
> 하여 자신이 늘 복잡하게 생각하며 살아왔던 것을 알게
> 되었다. 그리고 자신을 가장 힘들게 하는 것이 바로 자기
> 자신이라는 사실을 깨달았으며 지금은 입소하기 전보다
> 마음 다스리기가 수월해졌다고 하였다.

회복 초기에 있는 중독자는 자기 감정이나 생각을 주시하는 것이
어려울 수 있다. 그러나 차츰 회복되어 주의집중이 되기 시작하면 호
흡을 알아차리는 것, 감정이나 생각을 알아차리는 것 등을 연습할 수
있다.

중독자는 회복 이전에는 자기의 감정이나 생각을 떨쳐 놓고 보지
못하고 자기 감정이나 생각대로 움직였으며 자기가 생각하는 것이
무조건 옳다고 생각하여 대인 관계가 잘되지 않았을 것이다. 그러나
자기를 분리주시할수록 좀 더 마음이 편안해지고 충동을 지연할 수
있으며 가족이나 다른 사람과의 관계도 좋아지게 된다.

명상이 잘 안 되더라도 그냥 정해진 장소와 시간에 자세를 만들어 놓고 앉아 있는 것만으로도 효과가 있다. 다른 일에 바쁘고 집중이 어렵더라도 일정한 시간을 정해 놓고 하루에 20분 정도라도 정해진 장소와 시간에 명상을 하는 습관을 들여야 한다. 처음에는 명상에 흥미도 없고 집중도 잘 안 되겠지만, 시간이 흐를수록 명상 과정에서 편안함과 기쁨을 체험하게 된다.

명상 중에 후회, 걱정, 욕심, 분노, 외로움, 나태감, 신체적 고통 등이 일어나면 어떤 판단도 하지 말고 그냥 그대로 알아차리면 된다. 명상 중에 신체적 변화나 기쁨을 느끼더라도 '기뻐하고 있구나' 하는 것을 알아차릴 뿐 집착하지 않아야 한다.

스트레스를 받거나 삶이 막막하고 힘들수록 인내하면서 명상을 지속해야 한다. 서너 번 심호흡을 한 다음에 그런 감정을 지켜보아야 한다. 걱정이나 불안, 심지어 환상이 일어나도 '걱정' '불안' '환상'을 알아차리고 명명하게 되면 그 마음에 끌려가지 않고 좀 더 편안해진다.

회복 중인 중독자가 자기주시를 통해 '지금 내가 지난날의 잘못을 후회하고 있구나.' '앞으로의 일 때문에 걱정하고 있구나.' 하는 등을 알아차리면 편안해지고 지금 이 자리에서 자신이 해야 할 일, 중요한 일을 찾아서 집중할 수 있다.

명상 수행은 명상수련원 같은 조용하고 쾌적한 장소에서 하는 것이 좋지만 가정이나 직장에서 시작해도 된다.

명상할 때 자신이 행복한 사람이 된 것처럼, 고향에 온 것처럼 얼굴에 편안한 미소를 짓는 것은 명상의 효과를 높인다. 이때에도 척추를 똑바로 세우는 것이 중요하다. 척추를 똑바로 세우는 것은 산란한 마음을 안정시키고 주의집중이 잘되게 한다.

계, 정, 혜로 본 중독자의 회복

붓다는 '산다는 것은 고통이며 고통이 생기는 원인은 무엇인가에 집착하기 때문이고 그 집착을 벗어나기 위한 방법으로 계(戒)와 정(定), 혜(慧)를 실천해야 한다.'고 말씀하셨다. 계·정·혜는 서로가 영향을 미친다. 계, 즉 규칙을 잘 지킴으로써 마음이 안정되고 지혜롭게 되며, 지혜가 있음으로 계를 더 잘 지킬 수 있고 안정이 되며, 마음이 안정됨으로써 계를 잘 지키며 더 지혜롭게 된다(Shwe Oe Min Dhaimma Sukha Tawya, 2009). 회복 중인 중독자에게는 행동 규칙이라 할 수 있는 계에 초점을 두는 것이 좋다. 상담자는 중독자와 함께, 회복을 위해서 해야 할 일과 해서는 안 될 일을 구분한다. 다음으로 지켜야 할 규정을 정하고 실천하도록 약속한다. 중독자가 자기가 정해 놓은 행동 규정을 잘 지키는 것만으로도 심리적 변화가 일어난다. 행동 규정을 잘 지키면 마음이 안정되고 좀 더 지혜롭게 생각할 수 있다. 지속적인 행동의 변화는 내적 변화를 가져오고 삶의 태도가 달라진다. 중독자가 회복하기 위해서는 회복에 장애가 되는 습관이나 행동이 무엇인가를 알아보고 고쳐 나가야 한다.

매일 기상하고부터 잠자리에 들 때까지 일정한 계획표를 만들어 놓고 지키는 것이 마음을 안정시키며 어리석은 생각을 덜 하게 하고 재발 예방에 도움을 준다. 그러나 너무 강박적으로 규칙을 정하고 지키도록 할 경우 강박 증상을 가진 중독자를 악화시킬 위험도 있으므로 어느 정도는 융통성이 있어야 한다.

중독자가 오늘 하루만이라도 자신이 정한 규칙을 제대로 지켜보자는 마음가짐을 가지게 해야 한다. 지켜야 할 내용을 예로 들면, 솔직하게 말하기, 다른 사람의 말을 잘 듣기, 약속 지키기, 자기 주변 청소하기, 방과 사무실 정리하기, 주어진 자기 역할 다하기 등이 있다. 자신이 어떤 일을 행하기 전에 갈등이 있다면 이 행동이 규정을 지키는 것인지를 생각해 보고 행동하는 것이 좋다.

'정(定)'과 관련되는 집중명상을 사마타(samatha)라 한다. 회복 초기의 중독자는 주의집중력이 저하되어 있기 때문에 단순한 요가의 동작을 반복하기, 마음에 와 닿는 성경이나 불경의 한 구절을 반복하여 읽기, 간단한 기도문을 반복하여 음송하기, 어떤 소리나 모양에 집중하기 등 자기가 할 수 있는 명상부터 시작하는 것이 좋다.

한편, '혜'에 중점을 둔 명상은 '위빠사나', 즉 '지혜 명상' '통찰 명상' '마음챙김 명상' 등으로 불린다. 마음챙김 명상은 자기의 마음이 일어나고 사라지는 그것을 있는 그대로 보는 것이다. 인간이 진정으로 자유롭고 행복하기 위해서는 자신이 어디에 집착하고 있는지를 알고 그것에서 벗어날 수 있어야 한다. 회복 중인 중독자는 자기의 마음에서 일어났다 사라지는 갈망이나 감정, 생각 등을 지속적으로 주시함으로써 집착에서 벗어나고 자기를 살리는 지혜로운 사람이 될 수 있다.

상담자가 회복 중인 중독자와 상담할 때는 이 사람에게는 어떤 방법이 더 적절할까를 생각해서 안내하면 된다. 대부분은 '계·정·혜' 중에서 '계'에 초점을 두고 '계'를 잘 지킬 수 있도록 도와주고 격려하는 것이 효과가 있다.

팔정도의 실천

붓다는 인간이 평화롭게 살아갈 수 있는 여덟 가지 방법(팔정도)을 제시하였다. '팔정도(八正道)'는 고통을 떠나 행복한 삶으로 안내하는 길이다. 회복 중인 중독자가 팔정도를 알고 실천하면 회복이 잘 유지될 뿐 아니라 더욱 행복해져 가족이나 주변 사람을 편안하게 하며 많은 사람을 도울 수 있다. 회복을 잘 유지하고 있는 많은 사람이 본인이 의식하지 않더라도 팔정도의 삶을 지향하면서 살아가고 있다.

팔정도는 정견, 정사유, 정어, 정업, 정명, 정정진, 정념, 정정 등으로(박상규, 2014), 지혜에 해당되는 정견(正見), 정사유(正思惟), 계율에 해당되는 정어(正語), 정업(正業), 정명(正命), 정에 해당되는 정정진(正精進), 정념(正念), 정정(正定) 등으로 구분할 수 있다.

회복 초기의 중독자는 팔정도를 이해하기 어렵다. 그러나 회복을 유지하고 있는 분들에게는 올바른 말(정어), 올바른 행동(정업) 등 행동적인 데 초점을 두어 팔정도를 가르치고 실천하게 할 수 있다. 올바른 말과 올바른 행동을 실천하면 팔정도의 나머지 부분도 이해하고 실천하기가 쉽다. 팔정도의 각 내용은 서로 연결되어 있어 하나를 잘 지키면 나머지 것도 따라서 실천하게 된다. 올바른 생각은 올바른 말을 하게 하며 올바른 행동은 올바른 생각을 하는 데 영향을 미친다.

치료공동체나 가정에서 '남에게 상처 주는 말을 하지 않고 약속을 잘 지키는 것이 올바른 말이 되며, 정해진 시간을 잘 지키는 것과 자기의 역할을 다하는 것이 올바른 행동이다.' 등으로 알려 주면 팔정도에 대한 거부감이 줄어들 수 있다.

중독자는 오랜 중독 생활로 자신의 견해나 생각, 행동 등이 올바른지, 잘못되었는지를 생각하지 못하고 살아왔다. 그래서 '지금 내가 하는 생각과 말, 행동이 회복에 도움이 되는가?' '재발을 일으키게 하지 않는가?' '지금 내가 생각하고 말하고 행동하는 것이 가족의 행복에 도움을 주는가?' 등을 잠시 멈추어서 스스로에게 질문하는 것만으로도 회복을 유지하는 데 도움이 된다.

지금 자신에게 어떤 생각이 일어나는지를 주시할 수 있으면, 지금 자신이 하는 생각이 곧 진리나 사실이기보다는 조건에 의하여 일어났다 사라지는 구름이나 파도와 같은 현상임을 알 수 있다.

올바른 관점이란 자신의 존재가치를 바로 보는 것이다. 비록 하늘에 구름이 어둡게 깔려 있더라도 그 너머에는 항상 밝은 달이 비추고 있듯이 지금 힘들어도 자신에게는 귀중한 불성과 신의 품성이 살아 있음을 잊지 않아야 하는 것이다. 알코올중독이란 살면서 조건화된 것으로 알고 알코올중독자와 '참나'를 동일시하지 않고 자신의 귀중한 본성을 찾아보아야 한다. 또 과거를 미루어 볼 때, 지금 자신이 회복에 장애가 되는 행동을 하면 재발이 되고, 회복에 도움이 되는 행동을 하면 그 결과로 회복이 잘 유지될 수 있음을 아는 것이다. 정견은 중독자가 타인의 문제로 화가 나거나 힘이 빠져 술을 마시는 것이 아니라 자기 문제로 스스로 상처를 입고 술을 마시게 되는 것을 아는 것이다.

정사유는 올바른 생각이다. 올바른 생각을 하기 위해서는 먼저 자신이 잘못된 생각을 하는지를 살펴보아야 한다. 대부분의 중독자는 중독성 사고로 현실을 왜곡하고 있다. 그래서 자신이 '지금 또 중독성 사고를 하고 있구나!' '자기중심적으로 생각하고 있구나!' 하는 것을 알아차려야 한다. 올바른 생각은 '힘들긴 해도 다른 사람의 도움을 받고 노력하면 중독으로부터 회복할 수 있다.'는 것이다.

심호흡을 세 번 정도 한 다음에 지금 내가 하는 생각이 과연 올바른지를 다시 점검해 보는 것이 좋다. 회복 중인 알코올중독자는 언제든지 자신이 술을 마시기 위해서 자기의 생각을 속일 수도 있다는 것을 잘 알고 올바른 생각을 하도록 노력해야 한다. 또 일상에서도 문제를 다른 사람의 탓으로 돌리거나, 자기의 문제를 다른 사람에게 맡기는 등 공짜 심리를 가지고 있는지도 살펴보고 '성실하게 살아야겠다.'는 생각을 가져야 한다.

올바른 말이란 거짓말, 이간질, 욕설, 쓸데없는 말 등 네 가지를 피하고 그 네 가지의 반대에 해당되는 말을 하는 것이다(아신 빤딧짜, 2014). 즉 다른 사람과 대화할 때는 솔직하게 말하며, 다른 사람을 편안하게 하며, 도움이 되는 말을 해야 한다. 어떤 말을 하기 전에 자기 입장만이 아니라 상대방의 입장에서도 생각하여 '상대방에게 상처나 피해를 주지 않을까' '이 말이 지금 이 자리에서 꼭 필요한 말인가?' '내가 남에게 인정받고 싶어서 하는 말은 아닌가?' '이 말이 지금 나와 타인에게 정말 도움이 되는 말인가?' '삶에 희망을 주는 말인가?' 등을 스스로에게 질문하면서 말하는 것이 올바른 말의 기준이 된다. 사실에 근거하면서도 다른 사람의 마음을 편안하게 하고, 살아갈 희망과 용기를 갖게 하는 것이 올바른 말이다. 올바른 말이란 지금 이 상황에 가장 적절한 말이며 사람을 살리는 말이다. 중독자는 특히 다른 사람에게 거짓말을 하지 않는 것부터 실천해야 한다. 정직하지 않으면 회복이 어렵기 때문이다.

정업은 올바른 행동을 말하며 정명은 올바른 직업을 말한다. 살생, 도둑질, 삿된 음행 등 세 가지를 피하고, 대신에 다른 사람을 살려 주고 지켜주며, 보호해 주고 행복에 도움이 되는 행동을 하는 것이 올바른 행동이다. 회복 중인 중독자가 가족을 위한 책임을 다하면서 다른 회복자를 도와주는 것은 다른 사람을 살리고 자신도 살리는 올바른 행동이다. 중독자는 지금 '자신이 남에게 의존하는 행동이 아닌가'를 생각하여 독립적이며 자주적으로 행동하고 자기의 행동에 책임을 져야 한다.

정명인 올바른 직업은 자기의 생계를 해결할 뿐 아니라 다른 사람에게 도움을 주는 직업을 말한다. 돈을 벌기 위한 직업이라도 다른 사람을 불행하게 하거나 동물이나 식물 등의 생명체를 죽이는 일은 하지 않아야 한다. 특히 회복 중인 중독자의 경우, 재발의 위험성이 있거나 스트레스가 많은 직업은 피해야 한다.

올바른 일과 직업은 자신과 타인에게 모두 도움이 되는 것이다. 자신과 다른 사람을 해치지 않는 일을 하고 남과 사회에 도움을 주는 직업을 가져야 한다. 또 자기가 좋아하면서도 잘할 수 있는 일을 찾아서 해야 한다. 비록 보수가 적더라도 자신이 즐겁고 가족과 이웃에게 도움을 주는 일을 할 때 기쁨과 보람을 느낄 수 있다. 회복 중인 중독자는 자신에게 부담이 되지 않으면서 보람을 느끼는 직업을 갖거나 다른 중독자를 위한 봉사를 하는 것이 올바른 일을 하는 것이다.

또한 지금 자신이 하는 일이 어떤 의미가 있는지를 스스로에게 질문하고 답해야 한다. 어떤 일에 종사하든지, 자기 직업에 대한 의미를 두는 것이 행복하다. 회복을 실천하기 위해서는 매일 삶의 의미와 즐거움을 주는 것을 세 가지 이상 계획하고 실천하는 것도 좋은 방법이다. 아침에 일어나서 오늘 하루 자신과 남에게 도움이 되는 일, 즐거운 일 등을 계획하고 실천해 보는 것이 좋다. 또한, 매일 잠들기 전에 하루를 반성하면서 오늘 하루 기쁘고 즐거웠던 일이 무엇인지를 회상해 보는 것도 회복에 도움이 된다. 이런 즐거운 경험을 자주 반복하면 술이나 마약이 없어도 즐겁게 살 수 있음을 자각하게 된다.

'정정진'과 '정념' '정정'은 자신을 올바르게 성찰하고 수행하는 것이다. 올바른 노력인 정정진은 나쁜 일을 하지 않도록 노력하고, 지금까지 하지 않았던 나쁜 일을 아예 하지 않도록 하며, 하지 못하였던 좋은 일을 열심히 하고 이미 하였던 좋은 일은 더 많이 하도록 노력하는 것이다(아신 빤딧짜, 2014). 중독자의 경우는 먼저 중독 행위를 그만두어야 함은 당연하다. 회복 중인 중독자는 지속적으로 자기를 분리 주시하지 않으면 자기의 마음이 중독 대상에게로 향할 가능성이 있음을 알아야 한다. 그래서 항상 깨어 있는 상태에서 자신의 회복을 위해 노력하고 다른 중독자의 회복에 도움을 주면서, 가족에 대한 사랑과 책임을 다하고자 노력해야 한다. 올바른 '사띠(sati)인' '정념(正念)'은 '대상'과 '아는 마음'에 주시함으로써 자기 생각에 빠져들지 않고 '지금' '여기'에 깨어 있도록 노력하는 것을 의미한다. '사띠', 즉 '마음챙김'은 올바른 생각, 좋은 생각으로 자연스럽게 이어지도록 돕는다.

'내가 회복하여 가족과 행복하게 잘 살아가고 있다.'는 것을 자주 그려 보는 것도 좋은 방법이다. 정정은 항상 깨어 있는 상태를 말하며 총체적 상황을 주시하는 것이다.

회복 중인 중독자가 자신을 철저하게 탐구하면서 매일 20분 정도라도 명상을 하거나 기도하는 습관을 가지는 것이 재발의 예방에 많은 도움이 된다.

팔정도의 내용은 서로에게 영향을 미친다. 올바른 생각은 올바른 말을 하게 하며 올바른 행동은 마음을 안정시켜 올바른 생각을 하게 한다.

신 안에서 자기 발견과 극복

중독자를 포함해 모든 인간의 내면에는 신의 품성이 현존하고 있다. 중독자는 알코올이나 마약이라는 어두운 구름에만 집착한 나머지 자기 내면에 있는 보석을 바라보지 못한 사람이다. 이 세상에 가장 귀중한 것이 자신의 내면에 살아 있지만 다른 곳에 집착하여 시간을 보낸 나머지 찾아내거나 만나지 못했던 것이다. 지금 이 순간에도 신이 조건 없이 자신을 사랑하고 있음을 믿고 '이만해도 다행'이라는 심정으로 감사할 수 있어야 한다. 어려움과 고통을 느낄 때 내면의 신과 함께할 수 있으면 용기가 생긴다. 또한 내면의 신과 대화를 통해서 고통의 시기를 지혜롭게 잘 이겨 나갈 수 있고 회복을 유지할 수 있다.

중독에서 벗어나 완전한 치유를 위해서는 신의 사랑에 자신을 온전히 내맡기고 신의 말씀에 온전한 믿음을 가져야 한다(허근, 2009). 신의 은총으로 자신의 병이 고쳐지고 회복할 수 있음을 믿고 기다려야 한다. 중독은 중독자 혼자 힘으로는 이겨 내기 어려운 병이지만 신의 은총으로 회복이 가능하다. 중독자가 자기 혼자서 술이나 마약을 조절할 수 있다는 거짓과 교만을 벗어 버리고 좀 더 겸손한 마음으로 신에게 매달릴 때 기적이 일어난다.

모든 사람이 더불어 행복하게 살아가는 것이 신의 뜻으로 볼 수 있다. 다른 사람의 입장을 이해하고 배려하면서 다 같이 평화롭게 사는 것이 신의 뜻이라 생각된다.

19

재 발

재발의 위험성

복지관에서 사회복지사로 일하고 있던 S씨는 최근에 알코올중독이 재발하게 되었다. 일주일 정도 술독에 빠져 살다가 이래서는 안 되겠다는 자각이 생겼고, 용기를 내어 이전에 도움을 주었던 상담자를 찾아 이렇게 토로하였다. '저는 사회에 복귀하여 살고 있었지만 재발하기 이미 1년 전부터 술을 마시기 위해 준비해 온 것입니다. 공동체에서 나와 3~4차례 AA 모임에 참석한 것이 전부였어요. 결국 자만과 오만이 이런 결과를 초래한 것 같습니다.' 그 이후 그는 술 마시기 전에 일어나는 심리적 재발을 막기 위해 정기적으로 AA 모임에 참석하면서 상담자의 도움을 받고 있다.

재발은 회복의 과정에서 언제든지, 누구에게서도 일어날 수 있다. 재발은 회복을 위해서 꾸준히 나아가지 못했다는 의미이며 자기를 정직하게 바라보게 하고 깊이 성찰하게 하는 계기가 된다.

재발의 조건은 신체적, 심리적, 사회적, 영적 등으로 구분해서 볼 수 있다. 신체적 요인은 배고픔이나 피로감, 불규칙한 수면 등이다. 심리적 요인은 외로움, 불안, 분노, 따분함 등이다. 사회적 요인은 가족 간의 갈등, 동료의 유혹, 환경적 자극 등이다. 영적 요인은 교만과 감사할 줄 모르는 것 등이다. 재발을 예방하기 위해서는 이러한 요인이 일어나지 않도록 조심해야 하며 위험할 때는 상담자나 후원자의 도움을 받도록 해야 한다.

재발은 회복의 실패가 아니라 회복 과정 중에 일어나는 자연스러운 현상이다. 재발은 처음부터 다시 시작하는 것이 아니라 넘어진 이 자리에서 바로 시작하는 것이다(Twerski, 2009). 회복 중인 중독자가 재발 후에 어느 정도 몸과 마음을 추스르게 되면 자신을 다시 되돌아보게 되어 한 단계 성장할 수 있을 뿐 아니라 같은 실수를 피할 수 있는 좋은 경험을 얻게 된다.

재발은 지금의 자기 모습을 있는 그대로 보여 주면서 회복을 위한 여러 가지 교훈을 주는 귀중한 스승이다. 재발하여 뼈저린 경험을 하는 것은 자신을 더 철저하게 알게 하여 회복에 큰 힘을 실어 준다.

한편, 재발은 치료의 방향을 바꾸고 새로운 치료 전략이 필요함을 시사한다(Kuhor, 2014). 재발이 반복되는 것은 지금까지의 치료 방법이나 회복을 위한 노력이 현실적이지 못하며 효과가 부족하였다는 것을 의미한다. 그러나 '비 온 뒤에 땅이 굳는다.'는 말이 있듯이 재발을 통하여 회복에 필요한 귀중한 기술을 배울 수 있고, 보다 더 강한 자기로 거듭 태어나게 된다.

지금은 중독으로부터 잘 회복하여 다른 중독자를 많이 돕고 있는 어떤 중독 전문가는 '재발은 아픔이다. 추락이다. 재발로 떨어진 자존감의 추락은 죽음을 생각할 정도로 아픈 경험이었다.'고 표현하였다.

상담자는 재발한 중독자의 옆에 있어 주면서 중독자의 미안한 마음, 죄책감, 실망감, 무력감 등에 공감해야 한다. 또한 중독자가 재발을 통해 배운 것을 잘 정리할 수 있도록 도와주어야 한다. 특히 중독자가 재발을 통해서 자신과 중독에 대해 더 많이 알게 된 것을 격려해야 한다. 상담자는 중독자가 다시 일어설 수 있도록 편안하게 하고 기다려 주어야 한다. 중독자가 지금의 힘든 마음도 잘 분리주시하게 되면 상황이 더 악화되는 것을 막을 수 있고 지금 이 상황에서 자신이 해야 할 일을 찾아보고 행동하게 된다.

재발 예방과 대처

재발을 예방하기 위해서는 평소 재발에 위험을 주는 상황과 자신의 취약성을 잘 알고 있어야 한다. 회복 중인 중독자가 갈망을 일으킬 수 있는 단서 자극이 무엇인지를 잘 파악하여 그것을 피하거나 혹은 마음속에서 그런 감정이 일어나는 것을 알아차려서 갈망으로 연결되지 않도록 해야 한다(Kuhor, 2014). 어떤 알코올중독자가 주로 외로움을 느낄 때 술에 대한 갈망이 일어나고 있다면 자기주시를 통하여 외로움과 갈망을 알아차리고 상담자나 주변 사람에게 자기의 감정을 표현하는 것이 좋다. 어떤 회복 중인 중독자는 공허감을 느낄 때 주로 술을 마시고 재발하는 경향이 있었다. 어느 날 외출하여 일을 보다가 공허감이 일어나기 시작하였다. 이 사람은 공허감이 일어나는 것을 알아차리고 후원자에게 연락하여 위기를 모면할 수 있었다.

재발을 예방하기 위해서는 개인적 관리와 환경적 관리를 함께 해야 한다. 상담을 받거나 AA 및 NA 모임에 지속적으로 참여하는 것이 가장 좋으며 동시에 자기주시를 잘 해야 한다. 회복 중인 중독자가 자기의 갈망을 알아차리면 갈망이란 잠시 왔다가 사라짐을 경험하게 되어 점차 마음이 안정된다. 자기가 지금 무엇을 생각하는지, 자기의 감정이 어떤지를 분리주시하면 조절이 가능하다.

규칙적인 활동은 재발 예방에 도움이 된다. 일과를 규칙적으로 정해서 시간에 맞게 일하는 것이 습관화되면 다른 생각을 하지 않을 수 있다. 자신이 해야 할 일과 하지 말아야 할 일을 미리 정해두고 해야 할 일을 지켜 나가야 재발이 예방된다.

평소에 자기주시를 지속하는 것은 갈망을 예방한다. 갈망이 일어날 때도 편안한 마음으로 '지금 갈망이 일어나는구나.' 하고 알아차리고 받아들이면 된다. 또 이전에 갈망이 일어날 때 효과적으로 대처했던 방법을 사용하는 것이 좋다. 개인에 따라 갈망을 다스리는 방법이 다르다. 어떤 사람은 알코올에 대한 갈망이 일어나면 지그시 눈을 감고서 술을 먹는 것에서부터 시작해서 끝까지 한번 상상해 본다. 그러면 며칠 동안 계속 술을 마시게 되고, 가족이 힘들어하고 병원에 입원시키는 모습이 떠오른다고 하였다.

배고픔이나 피로감이 재발의 요인이 된다면 그런 상태가 되지 않도록 자기관리를 잘해야 한다. 대인 관계의 문제로 재발이 일어날 수 있다면 역할연기를 사용해서 대인 관계의 기술을 향상하는 것이 좋다. 또 배우자와 관계가 좋지 않다면 배우자와 갈등이 있는 어떤 상황을 설정해서 역할연기를 하면서 대화 기술을 배울 수 있다. 특히 상대방의 입장이 돼 봄으로써 상대의 마음을 좀 더 이해하면서 대화하게 되어 갈등을 줄이고 재발을 예방할 수 있다.

중독자는 자신의 힘든 처지를 빨리 해결하고자 무리하게 일을 진행하다가 실패를 하게 되고 그 결과 재발하는 경우가 있다. 항상 자기의 에너지 중 70% 정도만 사용하고 30% 정도는 남겨 두어야 여유가 있고 좀 더 현명한 결정을 내릴 수 있다.

상담자는 중독자가 재발 예방이나 치료에 도움이 되는 환경을 조성하도록 도와주어야 한다. 알코올중독자의 경우 술의 유혹이 많은 환경이나 술을 마실 수 있는 상황을 피해야 한다. 대신에 술을 마시지 않고 잘 회복 중인 사람과 자주 만나도록 하는 것이 좋다.

AA나 NA에 규칙적으로 참여하는 것이 회복에 필수적이다. AA나 NA의 멘토에게 전화하거나 만나서 자기의 힘든 점을 표현하는 것은 재발 예방에 도움이 된다. 또 회복 중인 다른 중독자에게 봉사하는 것도 재발 예방에 도움이 된다. 재발의 위험성을 느낄 때에는 빠른 시간 안에 AA나 NA의 후원자의 도움을 구하거나 상담을 받는 것이 현명한 방법이다.

누구든지 살아가면서 실수와 실패를 할 수 있다. 실수와 실패를 통해서 '더 성장하느냐, 주저앉느냐'는 실수와 실패라는 상황 자체가 아니라 실패와 실수를 어떤 관점으로 보느냐에 달려 있다. 성공한 사람들은 실수와 실패를 성공을 위한 좋은 발판으로 삼는 습관을 가지고 있다. 회복을 잘 유지하는 사람들은 실수와 실패를 통해서 더 크게 성장하였던 경험을 가지고 있다.

20
중독자의 재활과 행복

재 활

중독자의 가족이나 주변 사람은 중독자가 회복하면 중독에 빠지기 이전보다 가족을 더 사랑하고 배려하면서, 자기의 역할을 잘하게 될 것이라는 믿음을 가져야 한다.

중독자가 재활에 성공하기 위해서는 자기의 문제를 명확하게 인식하고 세속적인 욕심을 줄이며 여유를 가져야 한다. 단주나 단약의 초기에는 회복을 위해서 많은 에너지가 필요한데, 거기다가 직장생활이나 사회생활의 문제까지 겹치면 많은 부담이 될 수 있다(허근, 2009). 알코올중독자나 마약류 중독자는 중독에 대한 취약성이 있기 때문에 재발의 위험성을 고려하여 구직 활동을 서둘러서는 안 되며 과거에 재발의 계기가 되었던, 일과 환경은 피해야 한다.

재활 개입에는 의사소통 기술, 중독에 관한 교육, 가족교육, 직업

재활 등이 포함된다. 중독자를 대상으로 한 재활에서 가장 중요한 개입은 의사소통기술이다. 의사소통기술은 역할연기의 방법을 사용해서 연습하는 것이 효과가 있는데, 대화를 할 때 상대방의 관점에서 생각해 보도록 하는 데 초점을 둔 조망 지향적 사회기술훈련이 특히 도움이 된다. 조망 지향적 사회기술훈련은, 첫째, 언어적 및 비언어적 기술을 습득하는 것, 둘째, 상황과 상대방의 관점을 이해하는 것, 셋째, 자신의 사회 행동이 상황과 상대방에 적절한지를 자기-감찰하면서 배운 행동 기술을 표현하는 것이다(박상규, 손명자, 2000).

회복 중인 중독자에게 '나 표현법'이나 분노조절기술 등을 가르치는 것이 중요하다. '나 표현법'은 나-메시지라고도 부르는데, 상대를 공격하지 않으면서 자기의 감정을 전하는 것이다. '나 표현법' 또한 자신의 감정과 상대의 감정을 알아차리고 수용하는 것이 필요하다. 친구와 약속을 했는데, 친구가 늦게 나타났다면 먼저 지금 짜증이 나는 자신의 마음을 알아차리고 '친구가 그렇구나.' 하면서 친구의 입장도 살펴본 다음, 친구가 말을 들어줄 수 있는 상황이라면 '네가 약속을 지키지 않아 속상하다. 앞으로 약속 시간을 잘 지켜 주기 바란다.' 등으로 표현하게 한다.

분노가 일어났을 때 직접적으로 표현하거나 억압하여 알코올 등으로 풀기보다는 분노가 일어났음을 알아차리고 수용하여, '나 표현법'으로 표현하도록 반복해서 가르쳐야 한다. 또 생각을 긍정적으로 바꾸거나, 용서하기 등의 방법을 사용하여 분노를 잘 다스릴 수 있도록 가르쳐야 한다.

정신 재활의 궁극적인 목적은 직업을 갖는 것인데 회복 중인 중독자가 직업 재활에 성공하기 위해서는 단주나 단약 후에 곧바로 취업 현장에 나가지 않고 지지를 받을 수 있는 중간 단계를 거치는 것이 안전할 수 있다. 병원에서 퇴원하거나 치료공동체 과정을 수료하더라도 곧장 취업하면 재발 위험성이 높기 때문이다. 중간 단계는 낮에는 직장에서 일하고 저녁에는 치료공동체에 온다든지 혹은 상담자가 함께 거주하는 장소에서 함께 식사하고 잠을 자면서 낮에 직장에 나가는 것이다.

회복 중인 중독자가 직업을 잘 유지하고 재발을 예방하기 위해서는 후원자 혹은 지지해 주는 기관과 가까이 있으면서 AA나 NA에 지속적으로 나가야 한다.

영적 재활

중독자의 사회 복귀를 위해서는 영적 재활이 필요하다. 중독자가 세속적인 잣대로 자기를 평가하면 자존감이 상하고 초조해지면서 재발이나 자살 등으로 이어질 가능성이 있다. 대신에 중독자가 영성적인 것에 삶의 의미를 두면 희망을 가지게 되며 회복의 가능성이 높다. 회복을 잘 유지하고 재기하기 위해서는 마음챙김, 자기에 대한 성찰, 겸손, 타인에 대한 배려, 자기와 타인에 대한 용서, 신앙과 같은 영적 재활이 함께 있어야 한다.

지역사회와 재활

알코올중독자는 초기에는 대부분 강제 입원을 하게 된다. 중독자의 인권을 침해하지 않고, 악용되지 않는 범위 내에서 남은 가족의 생존권과 안녕을 위해서도 강제 입원이 필요하다. 강제 입원을 통하여 많은 생명을 살릴 수 있고 가정의 붕괴를 막을 수 있다.

중독자가 일정 기간 병원에서 치료를 받은 후에 지역사회에서 중독자의 사회 복귀를 위한 재활 프로그램을 받게 하는 것이 좋다. 병원, 치료공동체, AA 및 NA 자조 모임, 알코올 상담소, 복지관 등이 네트워크를 잘 형성하여 서로 필요한 정보를 제공하고 협조하여 중독자의 회복에 도움을 줄 수 있어야 한다. 중독으로부터의 회복은 총체적 삶의 변화가 따라야 하기 때문에 다양한 분야의 전문가가 힘을 합쳐야 한다.

재활의 활성화를 위해서는 정부기관의 인식 변화도 필요하다. 교도소 내에 치료공동체를 만들어 마약류 중독자 등 중독자가 전문적인 치료와 재활 프로그램을 받을 수 있는 치료 환경을 조성해야 한다. 또 지역사회에서는 중독자가 사회에서 자기 역할을 잘할 수 있도록 직업재활훈련기관이나 교육기관을 개설하여 필요한 직업 훈련이나 교육을 받도록 해야 한다. 교육 내용에는 중독의 이해에 대한 교육, 인성 교육, 의사소통 기술, 취미 생활, 행복 교육, 생명과 죽음 교육 등이 포함되는 것이 좋다.

한국적 치료재활모형

중독자가 회복하여 가정과 사회에서 자기 역할을 잘할 수 있게 하기 위해서는 우리 사회 문화에 맞고 효과성이 있는 치료재활모형을 개발해야 한다.

현재 우리나라의 알코올중독자에 대한 치료는 주로 병원에서의 입원 치료가 중심이다. 마약류 중독자는 주로 교도소에 수용되어 있는데, 전문가에 의한 체계적인 프로그램을 거의 받지 못하고 있는 실정이다. 대부분의 알코올중독자는 지역사회에서 별다른 치료적 개입을 받지 못하고 있으며 가족 또한 중독에 대한 이해가 부족하여 치료에 소극적인 편이다. 정부 또한 중독 현황을 정확하게 파악하지 못하고 적극적으로 개입하지 못하고 있다.

우리 사회의 중독 문제를 잘 관리하기 위해서는 다학제적인 협조와 네트워크를 통한 통합적 관리 체계가 만들어져야 한다. 현재는 중독자에 대한 관리가 정부 부처에 나뉘어 있으며 부처 간끼리, 그리고 전문기관 간에도 긴밀한 협조가 잘 이루어지지 않고 있다. 또 전문기관에 대한 정부의 지원과 협조도 부족한 편으로 국가 전체로 볼 때 효율적인 중독 예방 및 치료 정책이 제대로 실현되지 못하고 있다. 정부는 중독자와 가족의 회복에 초점을 두고 각 분야의 전문가가 자기의 강점을 최대로 발휘할 수 있도록 연계해 주어야 한다. 알코올중독자의 경우 병원에서 신체 및 정신질환을 치료하고, 중독에 대한 인식을 가지는 데 초점을 두어야 한다. 병원에서 퇴원한 후에는 지역사회에서 필요한 만큼의 재활 및 상담을 받도록 도와주고 AA와 NA에 연결해 주어야 한다. 병원, 알코올 치료공동체, 중독관리통합센터, 정신건강증진센터, 사회복지관, AA 등이 서로 연계하여 지금 이 중독자에게 가장 적절한 개입이 무엇이며 어느 기관에서 누구에게 치료와 재활을 받는 것이 효과적인지 알아보고 필요한 개입을 받도록 연결해야 한다. 특히 치료공동체는 중독자의 회복에 가장 효과가 있는 개입법 중 하나로 우리 사회에 더 많이 설립되도록 지원할 필요가 있다.

한국적 치료재활 모형으로 우리 문화의 특성인 가족과 신명 그리고 자연환경이 있다.

첫 번째, 가족의 경우 우리 사회는 아직 가족공동체가 잘 유지되고 있어 가족들이 중독자의 치료와 회복에 많은 도움을 주고 있다. 성공적으로 회복한 사람들은 대부분 가족의 지지와 사랑을 받고 있다. 가족은 가족교육이나 가족치료, 가족모임 등을 통하여 중독자에 대한 이해와 대처기술을 배우며 힘을 얻을 수 있다. 중독전문가는 가족과 잘 협조할 수 있어야 중독자가 회복될 수 있음을 명심해야 한다.

두 번째는 신명(神明)이다. 우리 민족의 마음속에 있는 신명을 치료와 재활 장면에서 잘 활용할 수 있는 프로그램을 개발해야 한다. 우리 문화의 특성인 영성에 초점을 두면서 신명나는 것을 찾아 즐길 수 있는 프로그램을 개발해야 한다. 우리 사회가 가족을 포함해서 다 같이 즐길 수 있는 건전한 놀이 문화를 개발하고 보급하는 것이 중독 예방에도 도움이 된다.

세 번째, 자연환경을 치료에 활용하는 것도 효과가 있다. 전통적으로 우리나라의 훌륭한 건축물이나 문화 활동은 자연과 더불어 형성되어 왔다. 특히 숲 환경과 같은 자연환경 안에서는 시각, 청각, 촉각,

미각, 후각 등이 잘 살아날 수 있기 때문에 숲에서 여러 활동을 하는 것이 치료 효과를 높인다. 숲과 같은 자연환경 자체가 마음의 안정을 주고 생명력을 느끼게 하고 가르침을 주기 때문에 자연을 활용한 다양한 프로그램을 적용할 수 있다.

회복 초기의 중독자는 느낌이나 감정 기능이 퇴화되어 있으므로 중독자의 자기 조절력을 향상하기 위해서는 우선 자기 몸의 감각이나 느낌을 통해서 자기의 감정을 알게 하고 조절할 수 있게 해야 한다. 그런 의미에서 무용치료나 음악치료, 미술치료 등 예술치료가 도움이 될 수 있다.

대부분의 중독자가 자기의 문제를 인식하지 못하고 있으며 변화에 대한 동기가 낮아 병원이나 상담 장면에 나오려 하지 않는다. 그렇기 때문에 상담자가 먼저 가정을 방문해서 가족이나 중독자를 면담하는 등 찾아가는 상담 방식을 적극적으로 확대할 필요가 있다. 중독자에 앞서 가족이 상담을 받거나 교육에 참여하는 것이 실제적인 도움을 준다.

21
중독의 예방

예방

중독 문제에 대처하는 가장 효과적인 방법은 예방이다. 중독 예방은 1차 예방과 2차 예방, 3차 예방, 4차 예방 등으로 구분할 수 있다. 1차 예방의 주목적은 일반인을 대상으로 중독의 위험성을 알리고 중독의 유혹에 빠지지 않도록 조심시키는 것이며, 가정이나 학교에서 중독의 특성이나 피해의 심각성 등을 알도록 하는 데 있다. 개인들로 하여금 중독이 위험한 질병이며 치료가 필요하다는 점을 깊이 인식하게 해야 한다.

2차 예방은 중독에 취약한 사람을 대상으로 하는 보다 집중적인 예방이다. 단기적으로 술이나 마약류를 접한 사람이 더 이상 중독으로 진행되지 않도록 다양한 방법을 사용하여 개입하는 것이다. 흡연이나 음주를 하는 청소년을 대상으로 중독 예방 교육이나 상담을 실시하는 것 등이다.

3차 예방은 이미 중독 문제가 심각한 사람을 대상으로 하는 것이다. 동기강화상담, 인지행동상담과 같은 적극적인 상담 기법들이 포함된다.

4차 예방은 회복 중인 중독자가 재발하지 않도록 하는 것이다. AA, NA 모임에 참여하도록 유도하는 것, 마음챙김, 긍정심리상담 등을 적용한다.

가정에서의 예방

중독을 예방하기 위해서는 가정이 올바르고 건강해야 한다. 부모가 건강하게 열심히 살아가는 모델이 되어 주면 자녀가 중독의 위험성에 빠질 가능성이 줄어든다. 우리 사회에서 가정이 올바로 서고 건강할 수 있도록 정부와 사회가 보다 많은 관심과 노력을 기울여야 한다.

가정이 바로 서고 건강하면서 가족구성원들이 각자 자기 역할을 다해야 중독이 예방된다. 아버지가 아버지답고, 자식이 자식답고, 형이 형답고, 동생이 동생답고, 남편이 남편답고, 아내가 아내다워야 가정이 바로 서는 것이다(이현규, 2014).

최근 대두되고 있는 청소년 중독의 위험을 예방하기 위해서는 부모가 자녀를 지금 모습 그대로 인정하고 대화를 자주 나누어야 한다. 부모는 자녀에게 바라는 자기 기대나 욕심이 자녀의 현재 모습과의 차이를 알아차리며 있는 그대로 수용할 수 있어야 한다. 자녀와 잘

소통하기 위해서는 자녀와 대화하기 전에 부모는 자녀에게 바라는 자기의 기대나 욕심, 실망감 등을 잘 분리주시할 수 있어야 한다.

중학생 자녀를 둔 어떤 어머니가 자녀가 성적이 좋지 않아 화를 내었다 하자. 그러나 화를 내기 전에 자녀의 성적이 나쁘게 나온 것에 대해 지금 어머니가 어떤 기분인지, 왜 그런 기분이 드는지, 그리고 자녀가 어떤 마음 상태인지를 잘 주시해야 한다. 부모가 자기 욕구와 자녀의 마음을 알아차리지 못한 채, 자녀의 잘못을 나무라기만 하면 자녀는 상처를 더 많이 받게 되고 문제가 악화되며, 자녀가 우울증이나 중독의 유혹에 빠질 수 있다.

부모 자신부터 척추를 똑바로 세우고 자기를 분리주시하면서 편안한 마음으로 열심히 살아가는 모습을 보여 주어야 한다. 또한 시간을 내어서라도 가족이 함께 운동이나 여행, 취미 생활을 하는 것이 자녀에게 좋은 습관을 가지게 하여 중독의 예방에 도움을 줄 수 있다.

부부간에 갈등이 있다면 이를 속히 해결하여야 자녀의 마음이 안정된다. 부부 각자가 자기중심성에서 벗어나 배우자나 자녀의 입장을 배려하는 모습을 자녀가 볼 수 있으면 자녀가 대인관계를 잘 꾸려가는 데 좋은 길잡이가 된다. 부부가 자주 싸우는 모습을 보여 주거나 냉랭한 가정 분위기를 조성하게 되면 자녀의 자존감이 저하되고 외로움과 불안, 공허감이 일어나면서 중독 대상을 갈구할 수 있다.

부모는 자녀에게 관심을 가지되 자녀가 정서적으로 독립하여 스스로 자기의 행동에 대한 책임을 질 수 있도록 조용히 지켜보면서 기다려야 한다.

학교와 사회에서의 예방

알코올 및 마약류 중독을 사전에 예방하는 것은 중독자와 그 가족들의 고통을 경감시킬 뿐 아니라 국민 생산성을 높이고 질병 치료에 소모되는 비용을 줄이는 등 국가 경제에도 크게 이바지하는 일이다. 이 때문에 교육 현장과 미디어, 정부 정책을 망라하는 사회 전반적인 노력이 요구된다.

학교에서는 학생들이 즐거움과 기쁨을 느낄 수 있는 여러 활동을 찾을 수 있도록 해야 한다. 또한 중독의 결과, 자신이 많은 피해를 입을 수 있음을 학생들 스스로 인식하게끔 교육할 필요가 있다.

교사들은 흡연이나 음주를 하고 있는 학생들을 파악하고 이들이 중독으로 빠져들지 않도록 꾸준한 관심을 가지고 자주 만나 보아야 한다. 이미 중독으로 진행된 학생은 외부 전문가에게 빨리 의뢰해야 한다. 청소년기 중독은 특히 또래의 영향을 많이 받으므로, 흡연이나 음주를 하는 학생들끼리는 같은 반에 배치되지 않도록 하는 등 환경적인 개입이 필요하다.

현대 우리 사회에서 스마트폰이나 인터넷은 청소년들이 중독 대상을 접하고 경험하는 주요한 경로가 되어 다양한 중독을 발달, 악화시키는 원인으로 작용하고 있다. 또 TV 프로그램이나 영화 등에서 출연자가 음주나 흡연을 하는 모습을 보여 주는 것은 청소년이 중독 물질에 호기심을 가지게 하는 위험 요인이 된다. 관련업계 종사자들은 스마트폰이나 미디어가 가지는 사회적 영향력과 책임을 인식하여 청소년이 중독에 빠져들지 않도록 유의해야 한다. 이러한 위험에 대해 정부 차원의 철저한 대책과 관리가 필요하다.

정부는 또한 국민이 중독에 대해서 올바로 인식하게 하며, 중독의 위험성을 잘 알 수 있도록 보다 효과성 있는 홍보 및 교육프로그램을 개발해야 한다. 또한 알코올이나 마약 이외에 스트레스를 해결하며 즐길 수 있는 건전한 사회 분위기를 만들어 가는 것이 중독예방에 효과적인 정책임을 알아야 한다.

외국에서와 같이 음주운전에 적발될 경우 AA 자조 모임에 의무적으로 참석하게 하는 등의 좀 더 적극적인 조치가 필요하다. 마약류 사범들의 경우 일정 기간 동안 교도소에 수용만 하기보다는 치료적 관점에서 치료 및 재활 과정을 적극적으로 밟도록 해야 한다. 우리나라 현실상 교도소가 마약류 중독자를 치료할 수 있는 유리한 입장에 있으므로, 교도소 내 치료공동체에서 집중적인 치료 및 재활 프로그램이 진행될 수 있도록 해야 한다. 출소 후에도 사회 내에서 치료공동체, 상담소, NA 자조 모임 등과 연계해 주어야 한다.

재발을 예방하기 위하여 AA나 NA가 보다 활성화될 수 있도록 정부에서 제도적으로 지원하는 일도 필요하다. 중독으로부터 회복 과정에 있는 이들에 대해서는 스스로 자부심을 가지고 중독상담이나 재활 영역 등에서 제 역할을 다할 수 있도록 다양한 교육 기회를 제공하고 일자리를 지원해 주어야 한다.

무엇보다도 정부는 사회구성원 모두가 성실하게 살아가면 안정된 삶을 영위할 수 있다는 희망을 가질 수 있도록 사회 분위기나 제도를 만들어 나가야 할 의무가 있다. 또 사회복지제도를 좀 더 활성화하여 취약계층이 알코올이나 마약으로 도피하지 않도록 예방해야 한다.

사회구성원들이 자신의 삶에서 좌절감과 불안을 자주 느낄 때 알코올을 비롯한 중독 행동에 빠져들 위험성이 증가하며, 이는 결과적으로 건강한 사회 유지를 어렵게 만들기 때문이다. 정책 구상에 앞서, 조금 천천히 가더라도 다 함께 갈 수 있어야 더 멀리 갈 수 있다는 사실을 명심해야 한다. 이를 위해서는 사회 지도자와 정책 결정자들의 지혜가 필요하며, 이는 자기를 분리주시하는 것을 근간으로 한다.

우리 사회 구성원 각자가 자기를 분리주시하면 알코올이나 마약, 도박, 섹스, 스마트폰 중독 등 다양한 중독을 예방할 수 있으며 마음의 평화를 가질 수 있다.

참고문헌

국내 문헌

권석만(2014). **이상심리학의 기초** : 서울: 학지사.

김갑중, 김종성(2006). **알코올중독의 우리 전통·행동·인지치료**. 서울: 하나의
학사.

김권일(2014). **내 마음의 도덕경**. 서울 : 바오로딸.

김경일(2013). **지혜의 심리학**. 서울: 진성북스.

김석향(2014). 북한주민의 마약 사용현황과 문제점. 2014 세계 마약 퇴치의
날 기념행사 자료집, 69-91.

김성이(2013). **중독치유복지**. 경기: 양서원.

김영규, 이상희, 김윤희, 엄재옥, 임영란, 하태국, 신창섭(2015). 숲활동 중재
가 암환자의 불안, 우울, 기분상태 및 희망에 미치는 영향. **한국산림휴양학
회지**, 19(1), 65-74.

김인국, 현진희(2007). 알코올중독자 가족이 경험하는 스트레스가 가족의 거
부적 태도에 미치는 영향. **한국가족복지학**, 19(4), 97-119.

김정호(2014). 스무 살의 명상책. 서울: 불광출판사.

김정호(2015). 생각 바꾸기. 서울: 불광출판사.

김주연, 신창섭, 연평식, 이지윤, 김미란, 김재근, 유윤희(2013). 산림 치유 프로그램이 초등학생 정신건강 회복에 미치는 영향. 한국산림휴양학회지, 17(4), 69-81.

김한오(2015). 12단계 중독치료 워크북. 서울: 눈 출판그룹.

김형석, 박상규(2015). 도박중독자의 GA 참여를 통한 회복경험에 관한 질적 연구. 한국심리학회지: 건강, 20(1), 111-138.

노안영(2011). 집단상담 이론과 실제. 서울: 학지사.

박남수(2013). MBSR(마음챙김에 기반한 스트레스 감소) 경험에 대한 질적 연구-근로자의 경험과 의미를 중심으로-. 사회과학연구논총, 29(1), 221-266.

박상규, 손명자(2000). 조망적 사회기술훈련이 정신분열병 환자의 사회기술에 미치는 효과. 한국심리학회지: 임상, 19(4), 629-643.

박상규(2002). 마약류 중독자를 위한 자기사랑하기 프로그램의 개발 및 효과. 한국심리학회지: 임상, 21(4), 693-703.

박상규, 강성군, 김교헌, 서경현, 신성만, 이형초, 전영민(2009). 중독의 이해와 상담 실제. 서울: 학지사.

박상규(2010). 알코올 의존환자의 정신과적 문제와 변화동기의 관계: 상담학연구, 11(3), 943-955.

박상규(2012). 인지행동치료에서 상담자의 마음챙김의 역할. 상담학연구, 13(4), 1631-1647.

박상규(2013). 자아존중감과 마음챙김의 관계. 한국심리학회지: 건강, 18(4), 881-890.

박상규(2014) 정신건강론. 서울: 학지사.

박성희, 김진영(2012). 긍정심리상담 및 치료의 현재와 미래-아동 및 청소년을 중심으로-. 한국심리치료학회지, 4(1), 61-77.

박혜숙(2010). 임상미술치료가 알코올중독자의 우울 및 불안에 미치는 영향. 임상 미술치료학 연구, 5(2), 78-83.

불교와 사상의학연구회(2013). 명상 어떻게 연구되었나?. 서울: 올리브그린.

서경현, 김은경, 조성현(2012). 청소년의 스트레스 반응과 행복감에 대한 체육활동 및 인터넷 게임중독의 역할. 청소년학연구, 19(5), 115-135.

설송아(2014). 북한의 마약문제 및 대책. 2014 세계 마약 퇴치의 날 기념행사 자료집, 121-128.

신경애, 곽의향, 강희숙(2014). 단주 중인 알코올중독자의 사이코드라마에 의한 회복경험. 한국사이코드라마학회지, 17(2), 67-81.

신영주, 김유숙(2009). 여성 알코올 의존자의 중독과정-근거이론 접근방법으로-. 한국심리학회지: 여성, 14(2), 683-710.

신원우(2011). 알코올의존 노숙인 치료공동체 프로그램의 효과성에 관한 연구: 3개월 입소유지자의 심리사회적 변화를 중심으로. 사회과학연구, 35(2), 145-177.

신정호(2006). 알코올 약인가? 독인가?. 서울: 오늘의 문학사.

아신 빤딧짜(2014). 11일간의 특별한 수업. 부산: 법승 담마야나.

안양규(2014). 자기-자비(self-compassion)에서 본 MBCT(Mindfulness-Based Cognitive Therapy, 알아차림 명상에 기초한 인지치료)의 치유기제. 불교학보, 69, 147-168.

안희영, 이건호(2013). MBSR 기법을 응용한 산림치유 프로그램 모델화 작업-고혈압 환자를 중심으로-. 한국산림휴양학회지, 17(4), 1-11.

유은영, 손정락(2013). 긍정심리치료가 우울경향이 있는 청소년의 행복감, 낙관성, 무망감 및 우울에 미치는 효과. 한국심리학회지; 건강, 18(4), 669-

685.

이동환 역해 (2008). **중용**. 서울: 현암사.

이승아(2011). **All That Yoga**. 서울: 동양 books.

이정호, 이희경(2011). 종교적 대처방식과 삶의 의미가 외상후 성장에 미치는 영향-그리스도교를 중심으로-. **종교교육학연구**, 36, 171-192.

이찬숙, 신혜경, 주현경(2010). 그림책을 통한 죽음교육이 아동의 인터넷게임 중독, 죽음 개념 및 죽음 불안에 미치는 영향. **유아교육학논집**, 14(6), 251-272.

이현규(2014). **다시 퍼지는 햇살 주역**. 서울: 월인.

전영민(2002). 알코올 의존자를 위한 자기사랑 프로그램 개발 및 효과연구. **한국 심리학회지: 임상**, 21(1), 1-11.

정선영(2005). 알코올중독자 가족의 스트레스, 사회적 지지, 공동의존 및 건강상태. **정신간호학회지**, 14(4), 400-416.

조근호, 권도훈, 김대진, 김선민, 김한오, 노성원, 박애란, 서정석, 신성만, 신재정, 유채영, 윤명숙, 이계성, 이해국, 전영민, 전용준, 차진경, 채숙희, 최삼욱, 한우상(2011). **중독 재활 총론**. 서울: 학지사.

주일경(2009). **약물재활복지 이론과 실제**. 서울: 정법.

중독포럼(2013). **중독에 대한 100가지 오해와 진실**. 서울: 두함.

최은영, 양종국, 김영근, 이윤희, 김현민(2014). **청소년 비행 및 약물중독상담 (2판)**. 서울: 학지사.

한인영, 우재희(2011). 여성알코올중독자의 변화 동기와 삶의 의미에 관한 연구-사회적 지지의 매개효과 중심으로. **정신보건과 사회사업**, 12, 90-119.

한정균(2008). 마음챙김 수준과 삶의 질 간의 관계에서 행복요인의 매개효과. **한국심리학회지: 치료 및 심리상담**, 20(3), 735-751.

허근(2009). **나는 알코올중독자**. 서울: 가톨릭출판사.

황영훈(2004). 알코올중독가족의 치료. 한국기독교상담학회지, 8, 55-94.

히데키, 요시후미, 다카하데 등(2011). 산림테라피. 한국산림치유포럼 역(원저는 2007년에 출간). 서울: 전나무 숲.

국외 문헌

American Psychiatric Association. (2013). *Diagnostic and Statistical Manual of Mental disorder* (5th ed). Washington. DC: APA Press.

Appel, J., & Kim-Appel, D. (2009). Mindfulness: Implications for substance abuse and addiction. *Int J Ment Health Addiction*, 7, 506-512.

Babor, T., Caetano, R., Casswell, S., Edwards, G., Ciesbrecht, N., Graham, K., Grube, J., Hill, L., Holder, H., Homel, R., Livingston, M., Österberg, E., Rehm, J., Room, R., & Rossow, I. (2014). 술 일반상품이 아니다. 천성수 외 역(원저는 2010년에 출간). 서울: 계측문화사.

Brewer, J, A., Sinha, R., Chen, J. A., Michalsen, R. N., Babuscio, T. A., Nich, C., Grier, A., Bergquist, K. L, Reis, D, L., Potenza, M. N., Carroll, K. M., & Rounsaville, B. J. (2009). Mindfulness training and stress reactivity in substance abuse: Results from a randomized, controlled stage I pilot study, *Substance Abuse, 30*, 306-317.

Brewer, J, A., Sinha, R., Chen, J. A., Michalsen, R. N., Babuscio, T. A., Nich, C., Grier, A., Bergquist, K. L, Reis, D, L., Potenza, M. N., Carroll, K. M., & Rounsaville, B. J. (2009). Mindfulness training and stress reactivity in substance abuse: Results from a randomized, controlled stage I pilot study, *Substance Abuse, 30*, 306-317.

Brewer, J., Elwafi, H. M., & Davism J. H. (2013). Craving to Quit: Psychological Models and Neurobiological mechanisms of mindfulness training as treatment for addictions. *Journal of Addictive Behaviors, 27*(2), 366–379.

Brown, K. W., & Ryan, R. M. (2003). The benefits of being present: mindfulness and its role in psychological well–being. *Journal of personality and Social Psychology, 84*(4), 822–848.

Capuzzi, D., & Stauffer, M. D. (2012). **중독상담**. 신성만 외 역(원저는 2008년에 출간). 서울: 박학사.

Chiesa, A. (2010). Vipassana mediation: Systematic review of current evidence. *The Journal of Alternative and Complementary Medicine, 16,* 37–46.

Garland, E. L., Schwarz, N. R., Kelly, A., Whitt, A., & Howard, M. O. (2012). Mindfulness–oriented recovery enhancement for alcohol dependence: Therapeutic Mechanisms and intervention acceptability. *Journal of Social Work Practice in the Addictions, 12,* 242–263.

Kabat-Zinn, J. (2005). **마음챙김 명상과 자기치유(상, 하)**. 장현갑, 김교헌, 김정호 역(원저는 1990년에 출간). 서울: 학지사.

Kuhor, M. (2014). **중독에 빠진 뇌**. 김정훈 역. (원저는 2012년에 출간). 서울: 해나무.

Levinthal, C. F. (2008). **약물, 행동 그리고 현대사회**. 박소현, 김문수 역(원저는 2005년에 출간). 서울: 시그마프레스.

Mace, C. (2010). **마음챙김과 정신건강**. 안희영 역(원저는 2008년에 출간). 서울: 학지사.

McGonigal, K. (2014). **스트레스와 만성통증을 완화시키는 알아차림 요가**. 이영

순, 지홍원 역(원저는 2010년에 출간). 서울: 명상상담연구원.

Nakken, C. (2008). **중독의 심리학**. 오혜경 역(원저는 1996년에 출간). 서울: 웅진지식하우스.

Olds, J., & Milner, P. (1954) Positive reinforcement produced by electrical stimulation of septal area and other regions of rat brain. *Journal of Comparative and Physiological Psychology, 47*, 419-472.

Ostafin, B. D., Bauer, C., & Myxter. P. (2012). Mindfulness decouples the relation between automatic alcohol motivation and heavy drinking. *Journal of Social and Clinical Psychology, 13*(7), 729-745.

Selhub, E. M., & Logan, A. C. (2014). **자연몰입**. 김유미 역(원저는 2012년에 출간). 서울: 해나무.

Shapiro, L. E., & Sprague, R. K. (2012). **아이들과 부모를 위한 스트레스 이완명상**(6판). 인경스님 역(원저는 2009년에 출간). 서울: 명상상담연구원.

Shwe Oe Min Dhaimma Sukha Tawya. (2009). **알아차림만으로는 충분하지 않습니다**. 오원탁 역(원저는 2008년에 출간). 쉐우민 수행센터.

Twerski, A. J. (2009). **중독성 사고**. 이호영, 이종섭, 김석산, 이무형, 채숙희 역(원저는 1997년에 출간). 서울: 하나의학사.

Urschel, H. C. (2012). **중독된 뇌 살릴 수 있다**. 조성희, 김명애, 김병희, 김옥주, 김항아, 김혜경, 민계진, 서경림, 손혜경, 이영미, 임채일, 전형애 역(원저는 2009년에 출간). 서울: 학지사.

Vitale, J., & Len, I. H. (2008). **호오포노포노의 비밀**. 황소연 역(원저는 2007년에 출간). 서울: 눈과 마음.

Zgierska, A., Rabago, D., Chawla, N., Kushner, K., Koehner, K., & Marlatt, A. (2009). Mindfulness meditation for substance use disorders: A systematic review. *Substance Abuse, 30*, 266-294.

저자 소개

박상규(Sang-Gyu, Park)

전 한국중독심리학회 회장
  한국중독상담학회 회장
  한국도박문제관리센터 이사장
  국무조정실 마약류 대책협의회 민간위원
  꽃동네알코올치료공동체 운영위원장
현 꽃동네대학교 사회복지·상담심리학부 상담심리전공교수
  한국도박문제관리센터 충북도박문제관리센터 운영위원장
  중독포럼 공동대표

〈주요 저서 및 역서〉
정신건강론(학지사, 2014)
중독상담(공역, 박학사, 2013)
상담학 개론(공저, 학지사, 2013)
병적 도박의 치료와 임상지침(공역, 학지사, 2012)
중독의 이해와 상담 실제(공저, 학지사, 2009)
행복 4중주(이너북스, 2009)
정신재활의 이론과 실제(학지사, 2006)
마약류 중독자를 위한 자기사랑하기 프로그램(학지사, 2003)

중독과 마음챙김
Addiction and Mindfulness

2016년 3월 30일 1판 1쇄 발행
2018년 9월 10일 1판 2쇄 발행

지은이 • 박상규
펴낸이 • 김진환
펴낸곳 • ㈜ **학지사**
　　　　04031 서울특별시 마포구 양화로 15길 20 마인드월드빌딩
대표전화 • 02)330-5114　　　팩스 • 02)324-2345
등록번호 • 제313-2006-000265호

홈페이지 • http://www.hakjisa.co.kr
페이스북 • https://www.facebook.com/hakjisabook

ISBN 978-89-997-0936-4 03180

정가 14,000원

저자와의 협약으로 인지는 생략합니다.
파본은 구입처에서 교환해 드립니다.

이 책을 무단으로 전재하거나 복제할 경우 저작권법에 따라 처벌을 받게 됩니다.

이 도서의 국립중앙도서관 출판시도서목록(CIP)은 서지정보유통지
원시스템 홈페이지(http://seoji.nl.go.kr)와 국가자료공동목록시스템
(http://www.nl.go.kr/kolisnet)에서 이용하실 수 있습니다.
(CIP제어번호: 2016029500)

교육문화출판미디어그룹 **학지사**

심리검사연구소 **인싸이트** www.inpsyt.co.kr
원격교육연수원 **카운피아** www.counpia.com
학술논문서비스 **뉴논문** www.newnonmun.com
간호보건의학출판사 **학지사메디컬** www.hakjisamd.co.kr